单于归来

南匈奴文化遗存考察

刘勇 著

山西出版传媒集团　山西人民出版社

图书在版编目（CIP）数据

单于归来：南匈奴文化遗存考察 / 刘勇著. —— 太原：山西人民出版社，2022.1
ISBN 978-7-203-11806-0

Ⅰ.①单… Ⅱ.①刘… Ⅲ.①匈奴—文化遗存（考古学）—山西 Ⅳ.①K289

中国版本图书馆CIP数据核字（2021）第095371号

单于归来：南匈奴文化遗存考察

著　　者：	刘　勇
责任编辑：	张书剑
复　　审：	刘小玲
终　　审：	梁晋华
装帧设计：	谢　成

出 版 者：	山西出版传媒集团·山西人民出版社
地　　址：	太原市建设南路21号
邮　　编：	030012
发行营销：	0351-4922220　4955996　4956039　4922127（传真）
天猫官网：	https://sxrmcbs.tmall.com　电话：0351-4922159
E-mail：	sxskcb@163.com　　发行部
	sxskcb@126.com　　总编室
网　　址：	www.sxskcb.com

经 销 者：	山西出版传媒集团·山西人民出版社
承 印 厂：	山西出版传媒集团·山西新华印业有限公司
开　　本：	720mm×1020mm　　1/16
印　　张：	11.25
字　　数：	150千字
印　　数：	1—3000册
版　　次：	2022年1月　第1版
印　　次：	2022年1月　第1次印刷
书　　号：	ISBN 978-7-203-11806-0
定　　价：	58.00元

如有印装质量问题请与本社联系调换

| 序　言

刘勇的三晋十年

　　刘勇，兄弟也，因山西文物而相识相惜，引为同道。十年前，舍高职趣山河，畅游天地，啸傲江湖。遍游神州总结曰："在山西一月，胜他处一年。"何故？山西文物之真、文物之富、文物之牵魂撼魄，天地可鉴，无与伦比。

　　刘勇拥有史地、文旅专业背景，近年苦心耕耘于三晋大地，有如善财童子五十三参，寻之觅之，也甘之若饴。寻什么？寻真历史，寻真文明；觅什么？觅初心，觅本源；甘之如饴的则是山西的土厚水深、文化精髓、人文醇厚、大气磅礴。

　　刘勇也是一名纯阳"护法尊者"，旅途遇有受创文物，迅即向有关部门提出保护建议；见有责任担当者，击节赞叹，引为知己；遇麻木不仁者，鼓之呼之，非振聋发聩而不竭。赤子情怀，动地感天！

　　2000年前与汉帝国并行于中国南北的匈奴民族现在何处？刘勇用他的学识、慧眼、诚心，梳理出这个马背民族与汉民族融合的线条，给我们这方土地和有着匈奴基因的后代们一捧故事、一个交代。

　　"游山西 读历史"，方兴未艾。刘勇多年如此，一直在研究、传播，近年又考察摩崖石刻，成果可期。知行合一的路，促进了他对文化和历史的客观思考和认知。

　　人生价值，不在坦途，英雄豪杰，不在温室。希望我们的青年朋友能以刘勇这样的贤者为榜样，不为物累，不做宅奴，到我们足下这方浸染着中华 5000 年历史的土地上,俯下身来,倾听祖先遗训,汲取英雄力量,壮我民族尊严。

赵曙光(山西省文化和旅游厅副厅长)

2021 年 1 月 18 日

序言

晋西山川之间的民族融合踪迹

　　中国是一个多民族国家，在数千年的历史上，民族之间既有战争，也有交流、融合，而融合是主流。古代历史上，民族之间的战争主要发生在北方。我国的北方，400毫米等降水量线呈西南—东北向，这条线基本上就是我国古代的半湿润与半干旱区的分界线，也是传统农业耕作区与草原游牧区的分界线。秦汉以来，从北方草原上兴起的游牧民族不断地、周期性地由北向南冲击，与从事农耕的汉民族争夺生存空间，这是两种文明形态的碰撞，由此而引起的南北过渡地带的战争相对频繁也是自然的。从秦汉开始，中原王朝在北部边疆地带防御游牧部落南下，也基本成为一种常态。从北方草原区先后兴起的匈奴、乌桓、鲜卑、突厥、契丹、女真、蒙古等游牧民族，在与汉民族的碰撞中，受中原文化的影响，有不少游牧族仿效中原王朝建立了政权，有的甚至进入中原腹地。在强大的中原农耕文明的影响下，这些北来的游牧民族，基本都与汉民族融合在一起。一千多年的时间，匈奴、乌桓、鲜卑、突厥、契丹等强盛一时的游牧民族完全变为一个个历史文献中的符号，他们的后代早已融合进中原汉民族之中。历史发展有它的轨迹，波澜壮阔的民族融合进程也有可以寻找的轨迹，通过阅读历史文献，结合广泛的田野考察，发现鲜活的民族融合实例，庶几可看到一千多年以前开始的民族融合轨迹，将使民族融合不再是一个抽象的概念。

千年民族融合轨迹的遗存区域，在北方的大部分地方已经很难找到，只有在太行山之西、黄河以北的今山西省，还能有所发现，这与山西特殊的地理位置、地形特点有很大关系。司马迁在《史记》中，给古代的农耕区和游牧区划了一条线，即著名的"龙门—碣石线"，"龙门、碣石北多马、牛、羊、旃裘、筋角"。这条线在今山西境内为西南—东北向，从吕梁山南端开始，经过太原北边，抵达太行山。从现在的地理区划来看，除了运城、临汾（部分）、晋城、长治、晋中，山西的西部、北部大部分地方都处于古代的农牧交错地带。在山西的代县、繁峙县以北，横亘着西南—东北向的恒山山脉，绵延数百里，形成一道天然屏障，将太原盆地、忻定盆地与大同盆地隔开。这道屏障也是古代山西的农牧分界线，古人把这条线以北称为塞外、塞北。有古代歌谣曰："雁门关外野人家，不养桑蚕不种麻。百里并无梨枣树，三春哪得桃杏花？"塞北是不适合从事农耕、桑蚕的。历史上，山西中南部的农耕文明，依凭这道屏障提供屏护。当北方游牧民族越过阴山南下后，首先选择的活动区域就是恒山以北的塞北之地，即现在的大同、朔州一带。然后逐步南下，进入塞南，即现在的忻州、吕梁北部。有些游牧民族臣服于中原王朝，被安排在塞南定居，为中原王朝守边，例如曹魏初，将归顺的鲜卑步度根部安置于句注塞南守边，称为"保塞鲜卑"。游牧民族继续南下，就深入现在的吕梁南部、晋中、临汾、长治一带。山西境内多山，山间又多有可放牧之处，时过境迁，相当一部分游牧民族后代就留在了山西的山川之间，逐渐成为汉民族的一员。在数千年的历史上，山西就像一个角力场，匈奴、乌桓、鲜卑、柔然、突厥、契丹、女真、蒙古等游牧民族，在此轮番与汉民族对阵，最后大都融合在这片广袤的大地。

说到中国古代北方的民族融合，首先要讲西晋末年的南匈奴首领刘渊在山西建立历史上第一个内迁游牧民族政权，拉开了长达一千多

序言

年的民族融合大幕。304年10月，刘渊在左国城南郊筑坛设祭，自称汉王，建立汉国（后改为赵，亦称汉赵国）。308年，刘渊在蒲子（今临汾市隰县）正式称帝。因为蒲子地域狭小，不可长久安身，不久又迁都平阳（今临汾市）。311年，匈奴军队攻入洛阳，西晋走向灭亡。从后来的历史发展来看，可以说刘渊在山西建立的匈奴汉国政权，是第一张倒下的持续270多年的南北分裂战乱的多米诺骨牌。刘渊的南匈奴政权占据了山西的中南部，西晋的并州刺史刘琨为了对付刘渊，请北方的鲜卑出兵相助，刘琨与鲜卑首领拓跋猗卢结为兄弟，并请晋怀帝封猗卢为代公，以代郡（今河北蔚县）为封邑。拓跋猗卢认为代郡与他们的居住地相隔太远，便要求把陉岭（即今雁门关附近的雁门山）以北的地方作为封地，率其部众进驻雁门一带。刘琨把陉岭以北的楼烦（今朔州市南）、马邑（今朔州市）、阴馆（今朔州市东南）、繁畤（今浑源县西南）、崞县（今浑源县）五个县的百姓迁往恒山之南，鲜卑在陉岭以北的势力日益强盛。汉民族政权的实际控制区基本局限于太原附近，山西的南北各地，都被匈奴、鲜卑占据。后来，鲜卑族建立的北魏不但控制了山西全境，还以山西为根据地控制了整个北方。刘渊在山西建立的汉国，已经在政治、文化上有了汉化的萌芽。到了鲜卑族建立的北魏于平城立都时，开始了大规模的民族融合，魏孝文帝从平城迁都洛阳，立即开始了全面的汉化改革，把从草原起家的鲜卑族完全融合到汉民族之中。到了唐代中期，这些定居于山西等地的匈奴、鲜卑已不见于史册，成为汉民族的组成部分。唐五代之后，与宋代先后南北对峙的游牧民族契丹、女真，以及后来的蒙古、后金，他们入主中原建立政权，无不受到西晋末年刘渊在山西建立的汉国之影响。当游牧民族在中原地区建立政权，局势基本稳定之后，游牧民族与汉民族之间的融合度就会越来越高，在文化上、生活习惯上不断向汉民族靠近，他们原来的游牧习俗逐渐淡化。当入主中原的游牧族政权败亡后，中原的平川地带是很难供他们藏身的，他们往往会选择山西等地的山川之间作为居留之地。游牧民族的少数个体，他们的后代祖祖辈辈一直居住在山西的山川之间，随着时间的推移，基本上无人知道他们的祖先是草原上的游牧者，这就是民族融合的力量。

尽管历经一千多年，但从人类基因、宗教信仰、民俗习惯、姓氏源流、地名等方面，我们还能在山西各地发现一些匈奴族、鲜卑族的后代，他们具有的高鼻、深目，是祖先遗传在他们身上的印记；亲朋间以羊为重礼，则是他们千年不变的游牧民族习俗。他们是民族融合的鲜活案例。

居住在北京的历史文化学者刘勇先生，毕业于首都师范大学历史系，醉心于北朝历史研究，酷爱山西的历史文化。近年来，他遍访山西各地，100多个县都走遍了，有的地方考察了不止一次，朋友们开玩笑地说他："不是在山西考察，就是在去山西考察的路上。"考察研究之后，他先后出版、发表了《发现最美古中国——山西秘境》《金石证史——三晋碑志中的历史细节》等图书和数十篇文章，为山西的历史文化研究做出了贡献，我们山西人应该感谢刘勇先生。刘勇先生在考察中，注意到古代民族融合在山西的踪迹，尤其是1700年前南匈奴在山西吕梁、临汾等地的活动遗迹很多，遂对此问题进行了专题考察研究，翻山越岭，读残碑、觅遗迹、访旧事，形成了这本《单于归来——南匈奴文化遗存考察》。刘勇先生此书有不少新的发现，提出了一些新观点，颇有学术价值。他对有关宗教信仰、姓氏、地名、方言、习俗、考古文物等诸多信息进行梳理，在吕梁地区发现多处祭祀刘渊的刘王庙、龙天庙遗址；在苛岚、岚县等地发现一些地名来自匈奴系胡语，是古代游牧民族语言的活化石；发现刘、乔、卜、兰、呼（呼延）、王、郝、白、曹、独（独孤）、赫（赫连）等南匈奴—稽胡族群的指标姓氏在晋西北居民中仍占相当比例；通过分析考察，他认为蔡文姬归汉前居留南匈奴十二年的地方应该在今方山县左国城，而不在今内蒙古鄂尔多斯市一带。刘勇先生的考察研究，对我们进一步深入、系统地了解南匈奴历史、古代历史上的民族融合、古代山西与民族融合的关系，提供了一个新的视角，有着积极的意义。

盼望刘勇先生有更多的关于山西历史文化的作品问世。

李广洁（山西省历史学会副会长）

2020年6月26日

序 言

寻找最后一个匈奴

匈奴，历史上第一个以蒙古高原为中心建立强大政权的游牧民族，兴起于战国末年，秦汉时达于鼎盛，与内地王朝产生密切联系。西汉后期，匈奴逐步走向衰落，东汉初年因内乱分裂为南、北两部分。东汉联合南匈奴等围攻北匈奴，取得重大胜利。北匈奴余部西迁至中亚草原。北匈奴西迁，南匈奴则成为东汉附庸。匈奴国家瓦解后，匈奴人逐渐同化于其他各民族之中。

东汉后期，南匈奴自河套内迁进入山西，定居于吕梁山、汾河谷地的广大山川之间。西晋末年"八王之乱"中，南匈奴首领刘渊在北方首举大旗建立汉国，开启了所谓"五胡乱华"的大幕。随后100多年间，十六国纷争，北方最终归于北魏统一。定居山西的南匈奴部众与其他胡人汇聚起来，演变为稽胡（山胡）。至唐中期，稽胡也不见于史册，大部成为汉族的组成部分。

刘渊建立的匈奴汉国不到30年覆亡，如天上的彗星一闪而过，留下深深的痕迹。其开辟的内迁游牧民族在中原建国、与中原文化结合的发展道路，为后继者普遍接受，发扬光大。

匈奴汉国以后，石勒、苻坚、元宏、宇文邕等杰出历史人物不断探索、调整政策方向，胡汉文化逐渐优势互补，达于集聚混一。隋唐时的中国大地上出现了你中有我、我中有你，兼容并蓄的大文化格局，为盛唐气象的出现奠定了坚实的社会基础。

民族融合大背景下，南匈奴首领刘渊是南匈奴等胡族部众的最高首领单于，同时也是号令内地汉人民众的汉国皇帝，刘渊赋予最高统治者的这一复合身份，是历史的创见，是十六国北朝民族融合史的起点。

南匈奴之名早已远去，成为中华民族发展壮大过程中不可磨灭的一部分。如今，刘、乔、卜、兰、呼（呼延）、王、郝、白、曹、独（独孤）、赫（赫连）等南匈奴—稽胡族群的指标姓氏在晋西北居民中仍占相当比例。应该说，这些姓氏的民众多有南匈奴血统。

长期以来，胡人后裔讳言其来历，但民族的记忆、风俗不会轻易磨灭，总是以不同的方式流传下来。

魏晋南北朝史研究文献不足，更需从姓氏、地名、方言、习俗、考古文物等诸多社会信息中梳理拓展史料范围。我在山西寻访路上，不经意间，逐渐发现南匈奴文化的蛛丝马迹至今尚存于吕梁山腹地、汾河河谷深处。寻访路上，读残碑，访旧事，我时时身在历史的现场：怀古于南匈奴故都左国城、龙子祠，发现多处刘渊祭祀遗址（刘王庙）；在出自匈奴系胡语的岢岚、岚县、祁连池等地抚今追昔，这些地名是语言学的活化石；还有众多地名、人名、民间活动也应来自胡俗。

穿越千年，单于归来。以刘渊祭祀为代表的南匈奴历史文化遗存，竟然还能被再次发现，让我敬畏、感叹于文化的力量。在历史的长河中，刘渊的功迹被后人传诵，其形象实现了从人到神的转化，刘渊祭祀系统成为南匈奴文化绵延至今的历史暗线。

本书即是源于实地考察的这类文章汇聚而成，希望能作为铺路石，抛砖引玉，为中古历史研究做些新的积累。若干文章曾发表于报刊，收入本书时均有修订。

曾经驰骋大漠南北、在内地建国的匈奴民族不见了。最后一个匈奴去哪了？这样的问题还不时会被后人提起。当记起这段中华民族融合发展大历史的时候,我们每个人都是他的后裔。

刘 勇
2020 年 12 月

目 录

寻　根

刘渊山　英雄的山 002

刘渊族属与匈奴汉国前史释疑 014

南匈奴废都　左国城怀古 024

雪后再访左国城 028

蔡文姬没于南匈奴居地考 035

潜龙碧血化清流——龙子祠怀古 045

祭　祀

东川河谷刘渊行宫 058

阴错阳差——五路大将军庙和刘王庙 068

寻访刘家嶂　发现刘王庙 075

消失在历史中的刘渊神庙 081

龙天即刘王——被误读的晋源南关龙天庙 087

龙天即可汗——寻访巩村龙天庙旧址 092

流　传

宁武天池怀古 098

岚县　胡汉融合双城记 115

岢岚山水漫录 121

乌突戍·曜头村·皇姑墓 133

河里庄递氏故事 139

匈奴堡　天险堡 143

记起被遗忘的历史 161

XUNGEN 寻 根

南匈奴自东汉中期内迁山西吕梁后，逐渐定居于吕梁—汾河谷地。其最高统治权力中心在左国城。后单于成为虚号，左国城仍是南匈奴后裔的精神制高点。左国城历史是南村遗址最为辉煌的部分。蔡文姬居南匈奴十二年之地，应在东汉后期以左国城为中心的南匈奴活动范围。

匈奴汉国的建立者刘渊为南匈奴单于后裔。刘渊建立汉国，建都于左国城。汉国后迁都平阳，灭亡西晋。至今金殿、龙祠之名即为匈奴汉国平阳都城旧迹。

匈奴汉国为北方民族内地建政之首，为中古史开启民族融合大幕，开辟了十六国北朝以来，北方民族参与缔造中华文明的一种历史可能，影响深远。

刘渊山　英雄的山

自东汉中期起,南匈奴入居山西,在吕梁地区生存繁衍。经一个半世纪,于西晋末年,南匈奴首领刘渊建立匈奴汉国,开启十六国——北朝历史。汉国灭亡后,以南匈奴后裔为核心,融合多民族的稽胡(山胡)继续活跃于黄土高原,西起陇右,东到吕梁山脉—汾河谷地的广

南云顶山南侧的凸出山岬——刘渊山

大地区是他们的历史舞台。南匈奴后裔传承的匈奴文化，在姓氏、地名、语言、民俗等多方面，一直流传至今。结合文献与实地考察，我们发现，地处吕梁山核心的刘渊山，就是这样一座饱含南匈奴历史文化的英雄之山。

正　名

南匈奴和稽胡无文字，但在吕梁山很多与南匈奴—稽胡文化有关的地名沿用至今，还能大体判断其来历，刘王晕山即是一例。

《永乐大典》引《元一统志》交城县条载："刘王晕山，在本县西二百里。"《永乐大典》引《元一统志》离石县条载："刘王晕山，在本县东一百里。顶上有泉。"[①] 可见刘王晕山为交城、离石两县界山。"顶上有泉"，说明刘王晕山山顶位置分布有泉水。

万历版《汾州府志》卷2《山川》载："刘王晕山在州治东一百里，上有潭，名饮马池。有峻壁，名飞人崖。昔刘渊都离石时据此，故名。今有渊祠存焉。"

康熙版《永宁州志》卷1《舆地志》、光绪版《永宁州志》卷4《山川》的有关记载大体相同，只是光绪版州志作刘王㡇山。在交城、文水方言中，晕、㡇、渊、云发音均近似，由此不同版本方志中此山名称出现不同写法。[②] 元代地理总志中记载的山顶泉水，应即明清方志里所记饮马池。

由方志记载可知，刘王晕或刘王㡇山，因建立匈奴汉国的刘渊家族曾在这里屯聚而得名，山上还曾有祭祀刘渊的祠堂。为避免歧义，现在应统一此山名称为刘渊山。一方面便利当下使用，一方面铭记这段民族融合的历史。

吕梁山腹地现有三处高山山顶，被分称北、东、南云顶山，三处山顶均有大片高山草甸。因云、渊、晕等均为一音，云顶山之名也是来源于刘渊山。

刘渊山在离石区千年村以北的南云顶山区。此山在离石东一百里，是吕梁山脉山结所在，四周群峰环绕，吕梁山主峰孝文峰、第二高峰骨脊山，北武当主峰真武山等均在这个区域。

寻 访

深秋晴空，取道信义镇北上，沿一山谷即小东川谷行约20公里，到千年村。这里是沟谷尽头，河谷收窄处出现一座山间小水库，即千年水库。水滨在兴建旅游休闲设施，这里是千年景区核心区。地方上在开发旅游，从信义至千年的公路已经翻修，路况极佳。从千年景区和当地朋友一起继续进山，逐渐车行在砂石路上。从东北方向进入大山，这里的山林多为落叶松林，是几十年来国家林业部门飞播造林的成果。旧日稀疏的林地、大片高山草甸都不见了，取而代之的是一望几十里的高山密林。吕梁山深处已是森林的海洋，让人欣喜。

海拔渐高，路况变差，基本是在土路上行进。路上是雨季行车留下的深深车辙。

在一处相对平坦的山体鞍部，森林透出了一片蓝天。近前看，居然出现一处小水池，如童话中的世界。蓝天下的小水池一半水面已经

茂密森林中出现的饮马池

凝结成冰,另一半还是水,纯净的晴空在水面映衬下更为湛蓝。走到水边,看到草地里有些纤细的水流淌入水池。看来小水池的水源是有出露的泉水作为保障的。这片森林中现在只有这一处水池存在。常年保持丰盈的水面,是牛羊的饮水处。当地人都称这里为饮马池。方志记载古时山中"有潭,名饮马池",应该就是这个水池。

继续前行,不久看到成片的白

南云顶山森林

桦林，林地前方出现一处山岬。新开辟的山路和山顶几乎平行，我们逐渐接近石山。这是一座群山中的岩石山体，背靠森林密布的大山即是南云顶山，也称小云顶山。这座岩石山是南云顶山边缘相对独立的一处小山体。四周森林环绕，凸显独秀，它就是当地人称呼的刘王晕山，即刘渊山。

终于找到了！从林中徒步南行，不远处就是断崖，眼前的刘渊山苍苍莽莽，和四周山体均不相连，石壁呈90度角直立，落差上百米。西侧远处，一连串山峰南北列阵，其北部最高峰即骨脊山。这串山峰连通起来，确如骨脊山之名，似脊梁高耸，这正是吕梁山名的来历。

再看近处，一峭壁上的突出山石如秃鹰凝视远方，又似神龟探海。方志中所谓"飞人崖"即是形容刘渊山四周壁立万仞的险峻地貌。

白桦林区

回 归

这里真是个一夫当关万夫莫开的奇特之地。进入刘渊山只有从北部断崖爬下,进入小谷,来到石山北边,茂密的树丛中出现了一个缺口,好像《桃花源记》中的描述一般,这里是进入山顶的唯一通道。

终于来到山顶,视野开阔,地面平坦,海拔约1800米左右。身处高大的白桦树林、落叶松林中,脚下是不知多少年来的腐殖质沃土,上面铺着厚厚的一层松针、落叶,踩上去感觉比地毯更有弹力,更有韧性,这样的徒步真是美妙无比。不过有了这么好的植被,寻到刘渊祠堂的可能性就很小了,或许遗迹早已被松针覆盖。

俯瞰千年水库

眺望骨脊山

刘渊山的东、南、西三面均为断崖,西南方向可眺望千年水库。山顶足够广阔,近乎椭圆形,如果刘渊当年在此扎营,集结上千人不是问题。吕梁山高处的多个大草甸,可以满足南匈奴的传统游牧生活方式。南云顶山东侧是当地著名的高山草甸"四十里跑马塥",也是一处天然草场。

可牧可居,刘渊山得天时、地利、人和,刘渊率部在此蓄积力量,待机而发。后来刘渊建汉国,成为内迁民族独立建国的先声,开辟了胡人入主中原的新历史时代。因为过往的辉煌历史,后裔称此山为刘王渊山,后因发音转写为刘王晕山。虽1700年过去,但当地人知道刘王即刘渊。

庄儿上村龙天庙碑

至于那座祠堂，其名号应是刘王庙或汉光文皇帝庙、汉高祖庙之类。我在吕梁地区已经走访和发现了多座这类纪念地。刘渊山上建立刘王庙祭祀场所，是理所当然之事。

天高云淡，终于在吕梁山腹地找到了高山之巅的南匈奴营地遗迹，验证了志书上的记载。

胡汉融合是吕梁历史上最为复杂的篇章，我们需要从更多方面拼接民族融合历史的碎片。刘渊山就是这样的一处制高点，我们找到了它。

流 传

山风呼啸，从山脉的东南方向出山，沿一宽广的沟谷而下，到西华镇附近即四十里跑马塄地区。高山草甸上出现了牛群。海拔逐渐降到1300米左右。路过一村，名为庄儿上。玉米地里出现一小丘，遒劲老松下有一庙，旁立数通石碑。近前端详，最早为明万历四十五年（1617）建立龙天庙碑，碑文载："距永宁州百里，迄东疃名千年都。陆土滩通灵感应之地，其名所以四境之方，东有罗葡山五岳潮殿，南有汾阳郡蛟龙戏水，西有□□山磐石载，北有刘王晕前兴龙之境。其殿龙天圣像正龛二尊，牛王、土地，立侍童哥，出对入对，左判右鬼，一殿之众。……今有庄中起意善士……普施粟财，重修庄严完备。亦是……"此后有清嘉庆元年（1796）重修龙天庙碑，但清道光十九年（1839）碑名为《重修龙王殿碑志》。可见因龙天神威主在水利，道光时人不明来历，称龙天庙为龙王庙。万历碑文中"北有刘王晕前兴龙之境"一语，可见刘渊山是本地区重要的地标，"前兴龙之境"即指刘渊曾在此屯兵事。

下庄村东绝壁上的小堡遗址

途经文水最西部的下庄村,村东有一高耸凸出的绝壁。山崖上有一砂石砌就的小堡垒,未知何时所设。爬到残破的石墙上,山风凛冽,小堡已经坍塌。这里是小河谷的拐弯处,可观察三个方向的情势,是绝佳的军事哨所位置。堡垒条石和岢岚等地北齐长城的墙体颇有些类似,均为就地取材。下到公路边,看到一废弃砖窑,废墟里还有几件残碑。幸运的是,翻看一残碑正面,碑文为《龙天庙重修碑记》,看来这里也是一处龙天庙遗址。龙天是吕梁—汾河谷地的独特神明崇拜,神主来历与魏晋北朝隋唐民族大融合关系密切。明清时,民间已对这段历史难以分辨。这两处龙天庙距刘渊山最近，或与南匈奴祖先崇拜有关。

从下庄向东，可达苍儿会，那里的高尔夫球场北部有刘家嶂村，村中有刘王庙遗址。自刘家嶂村西北而行，亦可达四十里跑马塆。

大东川河谷北侧的陈家塔村尚存元汉光文皇帝庙碑，即所谓刘渊行宫碑。大东川河谷上四皓村曾发现元刘王庙醮盆石柱。这两处刘王庙，民间俗称行宫，与刘渊山上的祠堂一样，都是祭祀刘渊的场所。

下庄东龙天庙残碑

结合文献与实地考察，我终于找到了它——地处吕梁山核心的刘渊山，一座饱含南匈奴历史文化的英雄的山。刘渊，匈奴汉国建立者，南匈奴后裔心中的英雄。刘渊山，英雄的山，得山川形胜，聚自然神韵，是南匈奴历史文化遗存的制高点。

注释

① 《永乐大典》卷5202，中华书局，1986年版，第1页。
《元一统志》卷1，中华书局，1966年版，第109页。

② 《永乐大典》卷5202，中华书局，1986年版，第1页。

《永乐大典方志辑佚·太原志》，中华书局，2004年版，第179页："龙王崞山，在本县西北一百二十里，上有水泉，岁旱祷则致灵应。"

《读史方舆纪要》卷40《山西二》太原府条，中华书局2005年版，第1826页："又有龙王崞山，亦名刘崞山，相传刘渊都离石时尝游此，因名。"此龙王崞山，即刘王崟山，取其水神主旨，称龙王，亦属民间称谓。

刘渊族属与匈奴汉国前史释疑

旧时所谓"五胡乱华"的始作俑者刘渊,其家事也成为那段纷乱历史中的一团迷雾。刘渊,字元海,十六国时期首先在北方建立少数民族政权。自 20 世纪 50 年代以来,史学界对刘渊的匈奴贵族身份产生诸多疑问,有的更认为其并非南匈奴贵族子弟,而是屠各部人伪托。这段公案至今仍没有比较全面的结论。

俯瞰左国城

史学界对刘渊出身产生疑惑，最大原因是基本史料的相互矛盾。

目前，我们了解匈奴汉国历史的基本史料，不外乎《晋书》《魏书》《资治通鉴》。以《晋书》为核心，又以《刘元海载记》记述最为系统，史源很可能出自汉国御用史官著述，对刘渊家族事迹描写多有夸大和遗漏。其次是《晋书》的《北狄匈奴传》，系统描述匈奴历史脉络，包括魏晋时期多批匈奴人进入内地的情况。《资治通鉴》的记录相对客观些，但由于成书时代较晚，新材料不多。目前的争论主题主要围绕刘渊家族是否为匈奴单于后裔展开。

以下就几个重点问题分别阐释。

刘渊家族是否为南匈奴单于嫡系

南匈奴单于呼厨泉参加了曹丕代汉登基时的庆典。"公卿、列侯、诸将、匈奴单于、四夷朝者数万人陪位"，"更授匈奴南单于呼厨泉魏玺绶，赠青盖车、乘舆、宝剑、玉玦"。[①] 这也是史料中最后一次有关呼厨泉的记载。晋武帝即位大典在"泰始元年冬十二月丙寅，设坛于南郊，百僚在位及匈奴南单于四夷会者数万人……"此匈奴单于名字失载。[②]

显然，从时间跨度看，西晋建国（265）距曹魏建国（220）已有45年，如以东汉末兴平二年（195）于扶罗死，弟呼厨泉继单于位计算，至此时已有70年，呼厨泉仍在世的可能性很小。这位佚名的南单于在当时的魏晋政治上仅具象征意义。

魏晋时，于扶罗子刘豹势力在南匈奴五部逐渐壮大，刘豹子刘渊被魏晋朝廷召于洛阳为质子。以少数民族贵族子弟在首都为质子是秦汉以来朝廷对地方和边地势力上层的一种常见政治手段。一是做政治上的人质，另一目的是让这些贵族子弟接受中原文化熏陶，更好地接受中央政府管辖。拓跋部沙漠汗就与刘渊一样，入洛阳为质子。由于呼厨泉晚年命运不明，刘豹家族是否为单于后裔遭到一些学者质疑。③

关于刘豹生平履历的质疑。如有论者分析其生卒年，认为如刘豹在泰始八年（272）春去世，其于东汉末兴平二年（195）为左贤王、建安二十一年（216）为左部帅，以20岁任左贤王计算，可能寿达百年，他在70岁生刘渊，显得不近情理。④因此，进而质疑于扶罗与刘豹是否为血缘父子关系。但这仅是一种推测，流亡在平阳的这支南匈奴势力较弱，刘豹任左贤王时也可能在10岁左右。

现存史料不足，刘豹生卒年均不详，其死年记载亦可能有误。若如此，则刘豹家族为南匈奴单于后裔并无疑义。

下庄村东部崖壁

刘渊家族族属

《晋书》记载："屠各最豪贵，故得为单于。"⑤匈奴单于家族的姓氏，西汉时记为挛鞮氏⑥，东汉时记为虚连鞮氏⑦。《晋书》此句说明单于所出部落为屠各种。

屠各匈奴或匈奴屠各往往连成一词。刘渊属下多次被骂为屠各子、屠各奴。如王弥称刘曜屠各子、介休县令贾浑妻称汉国军人屠各奴等，都是蔑称。⑧屠各和匈奴的连词或互称，恰说明刘渊家族作为单于后裔在匈奴汉国建立过程中的绝对性地位和作用，以致南匈奴五部被径直称为屠各，是屠各涵义的泛化。

有休屠部是西汉时期匈奴属部，投汉后该部王子金日磾备受汉武帝喜爱，这支匈奴人的上层汉化最早也是最深的。

近年多有研究者以休屠、屠各为一，认为屠各并非单于家族，刘渊家族是休屠人，推测其进入曹操分置的南匈奴五部地区，取得领导权，将原有南匈奴王室后裔排挤出去，休屠首领刘豹家族取得了南匈奴的单于位置。⑨但现存史料中并没有刘渊家族来自休屠部确凿证据，休屠贵族化身匈奴单于的观点有新意，但仍是臆断。

刘渊家族来自休屠的假说有难以回答的问题——刘渊若来自休屠部，进入南匈奴五部地区必有相当同部人迁徙而来，其下必有追随者出现于史书。但在现存史料中未见一例。相反，我们看到，匈奴贵族指标大姓呼延、卜、乔等姓氏频频出现在十六国北朝历史上，皇室刘氏在汉国政治人物中更是占据举足轻重的地位。

有学者认为休屠和屠各本非一回事，这种误读成为对刘渊家族质疑的证据之一，也有学者认为，西晋以来，屠各含义逐渐成为内地汉化较深匈奴的泛称，是概念上的转化。⑩我们看到，随着十六国时期各民族逐渐混居、同化，屠各的含义从匈奴单于所属部落名，扩大到南匈奴五部范围，后又泛称与汉化匈奴关系密切的各类杂胡族群。⑪屠各与匈奴的互称，内涵泛化，恰是各类与匈奴有关的胡人进入内地后，打破原有部落生产生活方式，杂胡化进程中的重要标志。

刘渊家族成员和他们率领的汉国军人被称为屠各，恰是说明屠各种即单于所属部落。匈奴汉国正是由匈奴单于家族后裔为首的南匈奴贵族建立的。对此，本无须凭空猜测。

总之，刘渊族属问题，应在魏晋十六国民族融合的大背景下考量，进而研究、分析、阐发这一趋势的流变以及对中国多民族国家形成、发展的影响。

单于家族改姓刘氏

呼厨泉、去卑之后，南匈奴单于家族改姓刘氏。曹魏时，匈奴刘氏已见于史书。

正始年间，"匈奴王刘靖部众强盛，而鲜卑数寇边。乃以礼为并州刺史，加振威将军、使持节、护匈奴中郎将"⑫。此刘靖与单于家族的关系还不明确。

不久，邓艾上书："是时并州右（应为左）贤王刘豹并为一部。艾上言曰：……今单于之尊日疏，外土之威浸重。则胡虏不可不深备也。闻刘豹部有叛胡，可因叛割为二国，以分其势。去卑功显前朝，而子不继业，宜加其子显号，使居雁门。……大将军司马景王新辅政，多纳用焉。"⑬曹魏中后期，刘豹更并五部为一部，引起曹魏统治者的关注。邓艾提出的建议，得到司马师的采纳。这里谈到"去卑功显前朝"，即曹操时派右贤王去卑在平阳监国,而将单于呼厨泉软禁于邺城之事。去卑显然是南匈奴中的亲魏派,其子即刘猛。

刘渊字元海,颇符合汉人习惯。刘豹名则可能是直接来自意译。刘聪、刘曜等也是受汉民族影响的汉名。刘豹到刘渊、刘聪、刘曜,三代刘氏贵族名,可看出明显从粗放意译到雅驯之名的修正过程,应是有意为之。为刘渊一族定汉名者可能是与之交好的儒者或洛阳权贵们。

胡人在启用汉名之前,各有胡语本名。现在看来,刘渊家族改名彻底,加之原始档案消失,已无法得知刘渊一族的匈奴语本名。南匈奴贵族大多同时改从汉地姓名。用汉名,说明刘渊家族的汉化程度较高,与其在洛阳接受汉文化教育关系甚大。

左国城内农家小院

臆断刘渊家族为屠各，伪冒南匈奴单于后裔，这一假说的有关论述多主观推测并无实据。仅凭对呼厨泉、刘豹的生卒年质疑不足以撼动正史史料。唐人修《晋书》，特为十六国史设"载记"部分，史源主要采自《十六国春秋》。尽管"载记"有很多不尽如人意的地方，但在史料极其匮乏的情况下，仍应以其内容为研究的基本出发点。

十六国史难治，难在史料不足和自相矛盾处往往难以诠释。匈奴汉国历史严重碎片化，那些尚未拼接上的部分恰为后人留下了迷人的待解之谜。

匈奴汉国因何短祚

匈奴汉国好似一颗流星，突然闪耀出巨大的光芒，但又很快消失在灿烂星空。

刘渊家族建立的汉国前后不到30年，其消亡背景究其大者，不外以下几点：

其一，匈奴贵族汉化与匈奴文化本体的矛盾和冲突。刘渊家族汉化虽深，但匈奴五部普通部众和西晋末年新入塞的各种胡人的汉化水平则不可同日而语。⑭同时，刘渊家族的汉化趋势与匈奴民族文化的沿袭同时存在。刘聪多皇后并立事为汉族史官不耻，但明显是匈奴阏氏制度的遗迹。后人诟病的汉国胡汉分治政策，其实是胡汉社会交融过程中的早期形态，也是符合社会形势的可行做法。刘渊去世后，汉化一派不能控制局面，最有代表性的事件是刘聪连杀两位被俘的西晋皇帝，民族矛盾仍然尖锐。

其二，汉国灭西晋而北方割据形势已成。西晋亡，权力真空期之后，北方出现多个胡汉集团。匈奴汉国先与拓跋鲜卑交恶，后石勒强大，地方实力派归附尚待时日。

其三，汉国统治阶层内斗、民族冲突导致政权统治基础严重不稳。如刘聪时，归附的氐羌部落大量叛逃。前赵在关中、陇右的统治也长期面临诸多地方集团挑战。

某位匈奴王子汉名刘渊，匈奴名已无考。经几十年韬光养晦，刘渊集聚南匈奴五部力量，趁"八王之乱"举起反晋汉旗。匈奴、汉朝曾势若水火，附汉的匈奴后人却自称汉甥，改用汉朝帝姓，建国也称汉国，甚至灭汉族西晋中央政权，一度成为北方霸主，打破了中国早期社会汉族统治核心的社会生态，这一过程好像是历史和人们开了个巨大的玩笑，但确实具有划时代的历史意义。公元310年，刘渊称帝不久后去世。311年，汉国攻克西晋首都洛阳，俘晋怀帝，即所谓"永嘉之乱"。316年，汉国攻克长安，俘晋愍帝，西晋王朝覆灭。但汉国在刘聪死后的内乱中崩溃，继承者前赵的统治核心区自晋南迁至关中。汉国瓦解后，部分南匈奴后裔与其他胡人在吕梁至陇东之间广大地域定居融合，被称为稽胡（山胡）。

匈奴汉国灭亡西晋，采取内地制度管理国家，开少数民族政权先河，其成败得失也成为后世的经验、教训。十六国北朝时，后赵、前秦、北魏、北周的杰出人物在这条道路上不懈努力，终于实现北方再统一，为隋唐盛世奠定基础。

在魏晋十六国北朝历史演进图景中，探索刘渊家族履历和匈奴汉国兴亡，疑问如冰释，于理解中古民族融合发展历程、南匈奴文化史迹遗存，均有现实意义，更增添了历史的温度。

注释

① 《三国志》卷2《魏书·文帝纪》，1959年版，第76页。

《文选》卷44《檄吴将校部曲文》，上海古籍出版社，1986年版，第1981页："大举天师百万之众，与匈奴南单于呼完厨，及六郡乌桓、丁令、屠各、湟中羌、僰、霆奋席卷，自寿春而南。"此是曹操伐孙权时发布的檄文。

② 《晋书》卷3《武帝纪》，中华书局1974年版，第50页。

《魏书》卷82《常景传》，中华书局，1974年版，第1803页："昔咸宁中，南单于来朝，晋世处之王公、特进之下。"来朝洛阳的南匈奴单于未载其名，显非呼厨泉。现存史料未见左贤王刘豹曾任单于的记载，此或另有其人。

③ 唐长孺：《魏晋杂胡考》，收入《魏晋南北朝史论丛》，三联书店，1955年版，第396—403页。

林干：《匈奴史》，内蒙古人民出版社，2007年版，第171—173页。

④ 唐长孺：《魏晋杂胡考》，收入《魏晋南北朝史论丛》，三联书店，1955年版，第399页。

⑤ 《晋书》卷97《北狄匈奴传》，中华书局，1974年版，第2550页。

⑥ 《汉书》卷94上《匈奴传上》，中华书局，1962年版，第3751页："单于姓挛鞮氏。"

⑦ 《后汉书》卷89《南匈奴传》，中华书局，1965年版，第2944页："单于姓虚连鞮氏。"

⑧ 《晋书》卷100《王弥传》，中华书局，1974年版，第2611页，刘曜被王弥骂为屠各子："弥怒曰：'屠各子岂有帝王之意乎？汝奈天下何！'"

《晋书》卷96《列女传·贾浑妻宗氏》，中华书局，1974年版，第2512页："介休令贾浑妻宗氏有姿色，刘渊将乔晞欲纳之，宗氏骂曰：'屠各奴！岂有害人之夫而欲加无礼，于尔安乎？'"

《晋书》卷63《李矩传》，中华书局，1974年版，第1708页：靳准向李矩言"刘元海屠各小丑"。

⑨ 陈勇：《汉赵史论稿——匈奴屠各建国的政治史考察》，商务印书馆，2009年版。

⑩ 休屠和屠各本非一部的考证分析，见陈琳国：《中古北方民族史探》，商务印书馆，2010年版。屠各为内迁汉化匈奴泛称的观点，见周伟洲：《汉赵国史》，山西人民出版社，1986年版。

⑪ 《资治通鉴》卷105《晋纪27》，中华书局，1956年版，第3321页："使赵秋说屠各毕聪。聪与屠各卜胜、张延、李白、郭超及东夷余和、敕勒、易阳乌桓刘大各帅部数千人赴之。"毕、卜、张、李、郭在此均被视为屠各首领姓氏。这些笼统被称为屠各的姓氏来源复杂，地缘因素远大于血统。其中卜姓为匈奴贵族四姓之一，显非来自狭义的屠各部。

⑫《三国志》卷24《魏书·孙礼传》,中华书局,1959年版,第692—693页。

⑬《三国志》卷28《魏书·邓艾传》,中华书局,1959年版,第776页。

⑭《晋书》卷101《刘元海载记》,中华书局,1974年版,第2645页、第2652页:"(刘渊)幼好学,师事上党崔游,习《毛诗》《京氏易》《马氏尚书》,尤好《春秋左氏传》《孙吴兵法》,略皆诵之。《史》、《汉》、诸子,无不纵览。"刘渊子刘和"习《毛诗》《左氏春秋》《郑氏易》"。

《晋书》卷102《刘聪载记》,中华书局,1974年版,第2657页:"(刘聪)幼而聪悟好学,博士朱纪大奇之。年十四,究通经史,兼综百家之言,《孙吴兵法》靡不诵之。工草隶,善属文,著述怀诗百余篇、赋颂五十余篇。"

南匈奴废都　左国城怀古

北川河从北向南穿过大山，进入离石一带的地势平坦地区，继续西流，汇东川、南川河为三川河，最后汇入黄河。这条方山的母亲河上现在有一座巨大的横泉水库，是吕梁市离石区的重要水源。这条曾经水势澎湃的河流，滋润了吕梁山深处的山地丘陵，宜耕宜牧。河流左岸，有一大村名南村。村子东北部陡崖上，断续的低矮夯土墙痕迹

从西侧进入左国城

还十分清晰，那就是被人们遗忘、内迁南匈奴在内地最后的王庭所在地——左国城。

东汉后期，公元140年南匈奴内乱。东汉政府将西河郡和单于庭从鄂尔多斯高原东迁到吕梁山区，南匈奴单于驻地单于庭即在左国城。这里之前很可能已有战国城邑、汉代皋狼县城基础。应该是在成为单于庭后，加筑城墙，形成内外城格局。或是出于防御需要继续增建，现在仍可见外城东部和北部的多道平行外墙。之前的勘察大体搞清楚了内外城的范围，发现了春秋至汉魏时期的小件文物和残片。但城址内尚未开展系统考古工作。

来到村外，我走在平坦的塬上，这里已进入夯土墙的内侧。四面的夯土还断续可见，围起来好大一座山城！山城的北面和东面是断崖，西面和南面是河谷。站在边缘处，正是俯瞰整个北川河的绝佳位置。汉晋时河水丰沛湍急，左国城城墙下就是悬崖，下临河岸，那场景应颇有气势。

土墙内被开垦为玉米地。翻耕后的地上要种植作物，我深一脚浅一脚地前行，不久鞋里就灌满了细细的黄土。城内的地面高低起伏，从东北最高处到西南最低处有几十米高差。利用土坡的自然走势，人们开垦出道道梯田。一个山凹处，两位农民正在赶驴翻地，同时焚烧枯枝，清理土地。

"你们知道这是左国城吗？这村里还有姓刘的吗？"

"是个老城吧。我们不姓刘，你找哪个姓刘的？"看他们忙着，我也不再打扰。

魏晋时，南匈奴贵族以自己是匈奴单于后人，号汉朝外甥，从汉朝皇帝姓氏，改为刘姓。此后几百年中，吕梁山胡人中多有刘氏酋长见于史册。

自公元140年南匈奴东迁，至公元304年刘渊在此聚众称汉王，160多年间，左国城是南匈奴精神制高点，先是南匈奴单于驻地，单于体制被打破后，还是南匈奴五部心目中的中心。因此刘渊才回到左国城建都，团聚力量。

左国城之名来历，或与位于北川河左岸有关，也可能与左贤王名号有关。在单于虚位的情况下，左贤王是最有权势的匈奴贵族。

刘渊在左国城称汉王三年后，南下开拓更大局面，后定都平阳（今临汾市尧都区金殿镇）。刘渊建立的匈奴汉国是西晋末年北方建立的

南村遗址附近春季播种场景

第一个少数民族政权,其逐鹿中原的雄心,成为北方少数民族入主中原进而统一中国的先声。石勒、苻坚、元宏、宇文邕等十六国、北朝著名人物正是在继续、发展刘渊的事业。在这个意义上看,短祚的汉国、偏远的左国城、刘渊本人无疑都是具有永久影响的历史坐标。

匈奴汉国实行的胡汉分治政策,曾被认为是失败的民族政策。但作为内地第一个北方胡人政权,在没有任何先例可以遵循的情况下,施行胡汉分治,未尝不是可行的做法。后世北方政权建立之初,大都也采取了类似胡汉分治的国策。如北魏早期部落兵制(府兵制原型)、辽代两面官体系、金代猛安谋克、清初八旗等。而在汉族王朝,两汉时对少数民族归化后设立属国、都护府管理,其实也是胡汉分治政策。此后唐代羁縻州、元明土司制都是因地制宜的民族因俗分治。

左国城作为山城,偏安一隅易守难攻,是理想的军事要塞。但匈奴汉国要对外发展,必然要走向汾河河谷,进而控制中原。左国城完成历史使命后,逐渐被人们遗忘。这里没有十六国时被敌军攻占后常见的破城悲剧。

岁月流逝,1700多年过去,时光机让匈奴都城化作一片黄土耕地。在时间面前,任何历史都是短暂的瞬间。

又是一年春草绿,又是一年芳菲尽。匈奴废都左国城退到了历史帷幕的最后面,时间足以让人们彻底遗忘,当年这里曾经有草原民族的彪悍和豪情、金戈铁马的战阵。

我沿着夯土墙走了一段,终于还是没有绕行一周。松软的黄土马上就要播种,让左国城静静地迎接这个春天吧。未来的某个时候,能在这平静的黄土高坡上再次发现让我激动不已的南匈奴辉煌史迹,我会再来,拼接那个渐行渐远的王国。

雪后再访左国城

一个寒冬残雪的清晨,我和方山诸君,再次回到了左国城。

从北墙上的城门遗址豁口进入南村的南北主街,旧时老宅大多是窑洞形式,近年村民翻建住宅,完整的老院已所剩无几。过去主街中部有文昌阁,南部有魁星楼。主街南部东侧有一大院,是昭济圣母庙旧址。前些年,包括戏台在内的古庙建筑被拆,西边塬上盖起了新庙。

左国城残雪

庙前的泉水号称神泉,多少世代以来一直是村民的饮用水源。距离北川河道如此近的位置有泉眼出现,说明此地自然条件之优越。

现在泉水被封闭起来保护,清泉汩汩从新建的龙口奔涌而出,近前看,水质清澈。南村朋友们说,几十年前,这水他们都是直接捧到手里喝的。

登上主街西侧的土岗,来到一片十分平坦的塬面上。地面上有些残雪,玉米收获后的秸秆在寒风中挺立着。塬上是新建的圣母庙。南村盛时曾有庙十余座,以昭济圣母庙为最。院里两通扑倒在地的石碑,为明清时修庙功德碑。其中一通是明嘉靖七年(1528)重修昭济圣母行宫碑,碑文记述,庙前泉水甚大,在修缮时看到梁架上有元至正年号题记,昭济圣母庙与太原晋祠主尊圣母崇拜有密切关系。可见南村长期以来一直是北川河谷的重要居住点。

这个平坦的小塬被认为是南村遗址范围内最早的城址——春秋战国时皋

南村内神泉出水口

重修昭济圣母行宫碑

狼城邑所在，曾发现过同期小型青铜器。这里三面被北川河及其支流沟谷环绕，据此可控制河谷，是经营吕梁山腹地的重要据点。由此也就不奇怪，为何一说三家分晋的缘起是智伯强求皋狼于赵襄子。春秋战国时代吕梁山是戎狄活动范围，赵在这里的开拓，继承了晋国在山西北部扩张的趋势。

战国皋狼邑在汉代成为皋狼县所在，面积扩大，向东南方面新修城墙。汉代城墙跨越现在主街东侧的丘陵，蜿蜒向南，至南侧山崖处。下面是界沟，沟内有水流汇入北川河。西晋时城墙继续向东侧山顶延展，出现内、外两城，估计是两次向东发展的结果。外城南侧某些地段还建起单独向外延展的子墙，应是出于加强防务的目的。现在城墙遗迹最高处在外城的东南角，是俯瞰整个河谷的制高点。主墙和延展的子墙在此交汇，呈十字交叉状，海拔近1200米。匈奴都城左国城被废弃后，这里未出现过更大规模和等级的居住区。因此，现存最外圈城墙内，即是南匈奴汉国首都左国城的遗址范围。

1991年6月，《山西省地图集》编辑部对南村遗址进行过测绘考察。考察后他们认为，战国皋狼邑、汉皋狼县、左国城内城、左国城外城的面积分别为0.0064、0.31、0.54、0.69平方公里。左国城遗址范围内曾出土仰韶文化的红陶双耳平地瓶、杯、石铲，龙山文化的灰陶碗、罐，战国时的铜镞、陶鬲、瓮，汉晋时期的陶壶、盆、罐等。至今在夯土墙附近还能见到陶瓦残片。

左国城面积虽然不大，但因在山地修建，尤其是左国城的外城，地面坡度达到了18度，城墙周长达到4315米。《晋书》卷101《刘元海载记》记述，公元304年南匈奴首领刘渊建都左国城后不久，前来归附者几万人。这几万人可能不会全部居住在城内，但左国城需要足够的房屋和物资储备，才能支持新政权的初兴。左国城分为内外城，可能也有分配不同人群居住的目的。

南匈奴自东汉内附以来，特别是东汉中期迁到吕梁山以后，逐渐汉化。单于庭驻于左国城，这座汉城得以继续修建，扩大规模。筑城技术应逐渐被南匈奴人掌握。左国城是一座山城，修建难度和技术比平地筑城增加不小。高大的夯土墙是南匈奴人的杰作，草原民族历史演变的标记。历史上匈奴人筑城的著名实例是赫连勃勃的统万城。相比之下，左国城时代更早，是更应被记住的北方少数民族汉化的源头。

古人在山区筑城，多考虑安全第一，左国城就是如此：三面水流环绕，一面高山深谷，这样的形势，显然是军事考虑优先。左国城长期作为单于庭，各类建设自然不仅限于刘渊建都的几年时间。历史文献不足，更多细节还需要考古和文物证据。

1991年勘察时发现，现存外墙处有多个马面遗迹，在主通道上有城门遗址5座，东墙有城门2座。西城墙因河水冲刷、公路修建，已无法分辨。

时间过去了30年，左国城遗址附近是村民的梯田，取土面积不断扩大，冲沟发展很快，遗址遭到更多的自然和人为损坏。

从东南制高点沿引墙而行，在疑似内城的一个城门处，一段残存

南村遗址散落的陶片

的夯土墙体依然高大，层层夯土痕迹十分明显。走在通向南侧山崖的夯土墙上，可以明显感到是个非常宽阔的平面，4名士兵骑马并行也是足够的。这个宽度足可比拟明清时的很多包砖城墙。在一处夯土剖面上，还可看到比较完整的汉魏绳纹陶片、板瓦残片。早年这里还曾发现青铜箭头等物。据说几十年来，文物贩子曾多次到村里踩点，盗卖文物。

我站在海拔1200米的制高点上，几道城墙在面前蜿蜒起伏，远处的山地、中间的北川河谷、

遗存至今的高大夯土墙体

南村的房屋，都在脚下。晴空万里，天高地阔，豪情壮志，油然而生，左国城确是颇有气势的形胜所在。

这里诞生过一段吕梁山腹地的英雄故事，这里是魏晋北方民族大融合脉络的第一地标，更是从十六国、北朝到隋唐盛世，这一中国历史高峰发展轨迹的最初发源地。

不容乐观的是，作为全国重点文物保护单位，南村遗址急需进行抢救性保护和发掘工作。我们希望自东周以来，凝聚胡汉文化，以南匈奴故都左国城著称的这座遗址得以重生，成为后人理解中国历史、民族大融合过程的重要实物证据，带动南匈奴历史文化遗产研究。

左国城故都，南匈奴圣地。左国城是南匈奴文化遗产的核心。我们期待更多的发现，去拼接那些深藏在黄土地里的历史碎片。

回到山脚下，看到公路边，1700多年来又出现了左国城的名字——左国城大酒楼。这是餐厅老板听从了南村闫先生的建议而起。这个名字确实让我很兴奋。在这里边吃当地的钱钱饭，边和王君、童童、薛先生畅谈方山故事。

他们说，方山北部开府、马坊一带村落里，过去结婚时送的大礼是活羊。这显然为游牧习俗的当代延续。

在方山，匈奴一词读为 xiong nou，nou 读平声，为可爱、萌、美好之意。

后求证晋中祁县、文水、汾阳等地朋友，他们也说在当地方言中的 nou，为平声，写作奴字。多为形容孩子可爱、喜人之意，有的地方特指女孩子。在此基础上又有 nou nou、nou er 等词。这些地方本是南匈奴五部分布地区，与方山均为南匈奴活动范围。nou 虽写做奴字，显然其本意并非贬义而是褒义。

如此看来，xiong nou 一词中，nou 为修饰词在后，xiong 为名词在前，即为美好的 xiong 人之意。匈奴无文字，对这一显然的民族自称，汉朝方面翻译时故意使用侮辱意味的"匈奴"作为对应的音译汉字。时间过去了1700年，nou 的美好寓意与对应汉字奴字的对立，还为我们保存下民族融合的最初形态。由方言破解匈奴的真实意义，也是南匈奴文化考察的意外收获。

谈笑间，时不时出现在窗外的，是山顶上时隐时现的夯土墙。时光流转，物是人非。不忘初心，方得始终。

| 寻　根 |

蔡文姬没于南匈奴居地考

蔡文姬，东汉末年著名儒家学者蔡邕之女，我国历史上著名的才女，其坎坷的人生经历和作品广为后世传诵。蔡文姬在乱世中被掳入南匈奴事关乎魏晋十六国史，不可不查。

现在我们确知，蔡文姬居南匈奴12年即在吕梁方山左国城，是南匈奴历史上值得关注的亮点。在魏晋十六国北朝史、山西地方史、文化史研究方面均具学术和现实意义。

左国城之冬

左国城之夏

文姬事迹见《后汉书》卷84《列女传·董祀妻传》。

"陈留董祀妻者,同郡蔡邕之女也,名琰,字文姬。博学有才辩,又妙于音律。适河东卫仲道。夫亡无子,归宁于家。兴平中,天下丧乱,文姬为胡骑所获,没于南匈奴左贤王,在胡中十二年,生二子。曹操素与邕善,痛其无嗣,乃遣使者以金璧赎之,而重嫁于祀……"[①]

传文过简,交代不清,文姬为胡骑所获、没于南匈奴左贤王、12年后归汉等事颇有疑点。

20世纪50年代,有关"文姬归汉"的话题,曾在文史学界引起一场讨论。郭沫若发起,多位文史学者参与。后郭沫若的新编历史剧《蔡文姬》由北京人艺推出公演。那次大讨论将有关蔡文姬的研究推进到了一个新的高度。

著名历史地理学家谭其骧先生因有关历史地理话题参与讨论，发表《蔡文姬的生平及其作品》一文。[②]谭先生大作以考证精细著称，可以说基本厘清了文姬从被掳到归汉的时间次序和地点。

谭文指出：文姬先为董卓手下的羌胡兵从家乡掳掠，后不久送到南匈奴左贤王处；《董祀妻传》所记"兴平中"误，应为初平三年（192）；以在胡十二年计算，文姬归汉时为建安八年（203）；文姬所没于西河美稷南匈奴单于庭的左贤王，非在平阳的于夫罗、呼厨泉、去卑等人为首的一支；《董祀妻传》载《悲愤诗》二首为真，著名的《胡笳十八拍》为唐人拟作。

随着文物考古工作和历史研究的进展，我们发现，关于蔡文姬入南匈奴事，尚有可议之处。不揣冒昧，试为梳理，请教方家。

其一，东汉后期西河郡治东迁至今吕梁

东汉初年，匈奴内乱分南、北两部。南匈奴投东汉，并助其攻灭北匈奴。此后，南匈奴渐为东汉附庸。汉庭将其各部安置于边塞各郡，单于庭位于西河美稷，即西河郡治。并设使匈奴中郎将监控南匈奴。

东汉中期永和五年（140），南匈奴内部发生大规模叛乱，叛军联合鲜卑、乌桓、羌胡等北方游牧民族，攻杀东汉地方官吏。"遂寇掠并、凉、幽、冀四州。乃徙西河治离石，上郡治夏阳，朔方治五原。"[③]可见，自永和五年（140）后，东汉的西北边境地区受到南匈奴叛乱影响，东汉政府被迫将三郡治所迁移。其中西河郡治由美稷（今内蒙古准格尔旗暖水乡榆树壕古城[④]）东迁至离石（今山西吕梁市离石区）。

其二，随西河郡治东迁后的南匈奴单于庭在左国城

南匈奴单于归附后长期被东汉政府安置在美稷。西河郡东迁，南

匈奴王庭也随之一起迁来。东迁后的南匈奴王庭，即在左国城。《晋书》卷101《刘元海载记》明确记载："建武初，乌珠留若鞮单于子右奥鞬日逐王比自立为南单于，入居西河美稷。今离石左国城即单于所徙庭也。"虽未明言自美稷内迁离石的时间，但点明左国城即内迁后的单于庭。⑤

左国城即在今方山县南村遗址，是全国重点文物保护单位，距离石30公里。该城址遗迹雄据于北川河东岸高岗之上。遗址范围和附近曾有新石器时代—汉晋文化层文物出土，如陶、瓦、箭头等。

东汉后期公元140年后，南匈奴单于庭随西河郡东迁，在今方山左国城。初平三年（192）后，蔡文姬"没入南匈奴左贤王"，自然是在南匈奴首脑驻地。

其三，负监管南匈奴职责的使匈奴中郎将官署机构在离石

墓室有精美的画像石是东汉墓葬文化的一大特点。在陕北发现的纪年汉画像石时间为东汉永元二年（90）至永和四年（139），在吕梁发现的纪年画像石则从和平元年（150）至熹平四年（175）。这个时间前后基本衔接，正说明吕梁的画像石文化是在西河郡治所迁徙到离石后逐渐发展起来的。

目前已发现标明纪年的吕梁画像石墓有如下几座：

马茂庄左表墓，和平元年（150）。

中阳道棠村沐叔孙墓，和平元年（150）。

离石下水村汉画像石墓，延熹四年（161）。

马茂庄孙显安墓，建宁四年（171）。

马茂庄牛产墓，熹平四年（175）。

寻 根

牛产汉墓石门

左表墓发现于1919年。其中火牛阵、窃符救赵等历史故事题材的画像石十分精美，存太原、离石两地博物馆。两根刻石铭柱早年被倒卖到国外，现存加拿大多伦多博物馆。其铭文为"和平元年西河中阳光里左元异造作万年庐舍"，"使者持节中郎将幕府奏曹史西河左表字元异之墓"。墓主左表，担任监督南匈奴事务主官使匈奴中郎将幕府中的奏曹史，应执掌对南匈奴的文书往来、接纳贡物等事，是一个职小权大的美差。⑥

使匈奴中郎将是东汉政府派出监督管理南匈奴事务的主官。东汉后期使匈奴中郎将多次参与南匈奴内部纷争，甚至出现擅杀单于的严重事件。单于的威望也在动荡中渐被削弱。

沐叔孙墓出土画像石等文物陈列于离石汉画像石博物馆。石柱上铭文为："和平元年十月五日甲午故中郎将安集掾平定沐叔孙室舍。"

沐叔孙和左表一样,都是使匈奴中郎将的下属官吏。沐叔孙担任的应是安集掾史。二人的去世时间同年,在和平元年(150)入葬精致画像的石墓,需要相当的物质基础。

东汉时"(使匈奴中郎将)拥节,屯中步南,设官府掾史,单于岁遣侍子来朝,谒者常送迎焉。得赂弓马毡罽他物百余万。谒者事迄,还具表付帑藏。诏书敕自受"⑦。

左表、沐叔孙这些使匈奴中郎将属官的财富积累估计与南匈奴王庭的往来密不可分。

沐叔孙墓出土石柱

为便于监管,西河郡治和南匈奴单于庭在地理上是相近的。使匈奴中郎将下属左表、沐叔孙等人墓地在吕梁,说明东汉后期使匈奴中郎将官署或派出机构应设于东迁后的西河郡治离石。

近年来,吕梁方山县文物部门又在左国城北数公里的兴隆洼村发现多件画像石,从形制和线刻图内容看,均与现吕梁汉画像石博物馆收藏画像石高度近似,应为东汉后期汉人官吏墓地之物。

南村遗址夯土层

其四，关于左贤王

东汉灵帝中平五年（188）南匈奴再次发生严重内乱。羌渠单于被杀，其子于夫罗继单于位，杀羌渠的族人则以须卜骨都侯为单于，双方互相争夺。

于夫罗请求东汉政府支持未果，停留于平阳地区，后带兵参与东汉内战。其手下右贤王去卑是得力干将。后于夫罗去世，弟呼厨泉即立，以于夫罗子刘豹为左贤王。这支从吕梁到晋南的南匈奴人数并不多。

"须卜骨都侯为单于一年而死，南庭遂虚其位，以老王行国事。"[8]可见，须卜骨都侯单于去世后，在左国城的南匈奴单于庭空位，南匈奴老王代行国事。所谓老王，即年长位尊的部落酋长。当时可能采取了某种军事民主议政制度。匈奴内部统治阶层中单于为最高统治者，一般情况下，单于的第一继承人是左贤王。单于虽空位，左贤王以下的王侯名号还是存在的。

蔡文姬所没之左贤王应即此时老王集团中的左贤王，是掌握南单于庭事务的最高权力者。

文姬没于左贤王，有二子。史书未记其名。此二子胡汉混血，为左贤王庶子。时文姬并未获得后人附会所谓王妃身份。

《董祀妻传》中没有记载左贤王名。显然这位老王集团的左贤王，与平阳于夫罗之子左贤王刘豹并非一人。

谭文考证，蔡文姬被掳到南匈奴在初平三年（192），归汉时间在建安八年（203）。蔡文姬居南匈奴十二年，其核心活动地区即南匈奴单于庭所在地左国城。当然，此时的南匈奴生产方式应为半农半牧。左贤王营帐在吕梁地区流动也是可能的。

自曹操取得并州后，刺史梁习对南匈奴进行有力的管控和弹压，从"胡狄在界，张雄跋扈，吏民亡叛，入其部落"，到"单于恭顺，名王稽颡，部曲副事供职，同于编户"。⑨虽然没有细节叙述，但显然南匈奴各部（包括左国城的老王集团、平阳流亡集团）在地方政府有效管辖之下，单于和名王（即左贤王、右贤王等南匈奴贵族阶层）都被管束起来，这里的单于即呼厨泉，名王里自然包括左国城单于庭的老王集团，其中即有与蔡文姬生育二子的左贤王。

东汉政府对南匈奴的管理恢复正常，蔡文姬没入左贤王的事可能在日常往来中被得知，后传到曹操处，才引出了所谓"文姬归汉"的佳话。

在梁习治下，老王集团左贤王自然不能有异动。有观点认为从赎字看，文姬在左贤王帐内女眷中的地位也是不高的。从《悲愤诗》二首和《胡笳十八拍》文字中也可看到文姬生活困苦的情形。《胡笳十八拍》虽已非文姬原文，但观其主旨亦不脱《悲愤诗》范围。匈奴习俗，女人和象征财富的牲畜、珍宝等类似，均为主人拥有的资产。曹操用金璧赎之也是可以理解的。

文姬归汉，其二子留居南匈奴。史书没有记载二子事迹，但蔡文姬和昭君一样，都在匈奴留下后代，这些民族混血的种子，多少都会对内迁匈奴的汉化产生些影响。

梁习治下的南匈奴恭顺，文姬归汉、南匈奴划分五部、呼厨泉被留邺城、去卑监国……南匈奴政权一步步走向空壳化。

"建安中，魏武帝始分其众为五部，部立其中贵者为帅，选汉人为司马监督之。魏末，复改帅为都尉。"⑩南匈奴分五部的安排，应该是政府主导将平阳匈奴和南匈奴王庭本部匈奴复合为一，分驻汾河各地。曾为平阳匈奴的左贤王刘豹担任五部整合后的左部帅，为政府任命，其权势与文姬所归时的老王集团左贤王难以比肩。

刘渊族祖刘宣是刘渊建国的谋主，他曾说："自汉亡以来，魏晋代兴，我单于虽有虚号，无复尺土之业，自诸王侯，降同编户。"⑪刘渊之左贤王、刘猛之右贤王、刘宣之左贤王，此类王号，如刘宣所说，空有其名，已丧失了本来的权势。部帅和都尉是魏晋政府官员，南匈奴部众渐纳入国家行政管理体制。

世事难料。曹操分五部意在分散南匈奴势力，其谋划或出自梁习。

但随着西晋政权在八王之乱中迅速衰落，刘渊聚集力量，形成南匈奴五部政治核心，终于建立匈奴汉国，建都左国城，在南匈奴历史进程中具有重大意义。南匈奴的后人走得比祖先更远。

左国城是南匈奴的政治中心和精神高地。单于庭置左国城始于公元140年，至304年刘渊建立匈奴汉国，160多年间，左国城初为内迁单于庭，汉末单于虚号，老王行政。魏晋五部划分后，南匈奴汉化进程加速，单于庭名存实亡，西晋末年再次成为刘渊建国的大本营。

注释

① 《后汉书》卷84《烈女传·董祀妻传》，中华书局，1965年版，第2800页。
② 谭其骧：《蔡文姬的生平及其作品》，收入《长水集》，人民出版社，1987年版，第421—433页。
③ 《后汉书》卷89《南匈奴列传》，中华书局，1965年版，第2942页。
④ 王兴峰：《汉代西河美稷故城新考》，《中国边疆史地研究》2016年第1期。
⑤ 《晋书》卷101《刘元海载记》，中华书局，1974年版，第2645页。
⑥ 谢国桢：《跋汉左元异墓石陶片拓本》，《文物》1979年第11期。
⑦ 《后汉书志》第二十八《百官五》刘昭注引应劭《汉官》，中华书局，1965年版，第3626页。
⑧ 《后汉书》卷89《南匈奴列传》，中华书局，1965年版，第2965页。
⑨ 《三国志》卷15《魏书·梁习传》，中华书局，1959年版，第469页。
⑩ 《晋书》卷97《北狄匈奴传》，中华书局，1974年版，第2548页。
《晋书》卷101《刘元海载记》，中华书局，1974年版，第2645页："魏武分其众为五部，以豹为左部帅，其余部皆以刘氏为之。太康中，改置都尉。"
《刘元海载记》和《北狄匈奴传》文字出处有不同。《刘元海载记》或出自《十六国春秋》，多有美誉。
⑪ 刘宣曾任右部都尉、北部都尉、左贤王。《晋书》卷101《刘元海载记》，中华书局，1974年版，第2647页、第2654页。

| 寻 根 |

潜龙碧血化清流——龙子祠怀古

临汾古称平阳。平水出于姑射山麓龙子祠泉。龙子祠当地亦称龙祠。龙祠，匈奴祭天大会之地。地名背后隐含着一段十六国民族融合的大历史。

公元304年，南匈奴贵族刘渊在左国城建立匈奴汉国，开启十六国序幕，几年间逐渐控制晋南大部地区。为便于开拓，汉国都城从左

龙子祠泉现状

国城迁到蒲子，后定平阳，就是现在临汾西南金殿村一带。公元310年刘渊于平阳去世。刘渊过早去世对匈奴汉国发展造成重大影响。

目前多有研究者认为金殿村是汉国都城位置，这里的村落间几十年前还有明显的城垣遗迹，周围村名花园、城坡、城居、坛地、桑园等，或与匈奴汉国都城有关。

传奇历史

刘渊建立都城，对城市建设和规划都应有系统规划和措施，城市水源管理和利用是其中的重要内容。传说刘渊在修建都城时，曾经发生过一件灵异事件：

> 刘元海城。晋永嘉之乱元海僭称汉，于此置都，筑平阳城。昼夜兴作，不久则崩，募能城者，赏之。先有韩媪者，于野田见巨卵，傍有婴儿，收养之，字曰橛儿。时已四岁，闻元海筑城不就，乃白媪曰："我能城之，母其应募。"媪从之。橛儿乃变为蛇，令媪持灰随后，遗志焉，谓媪曰："凭灰筑城，可立矣。"竟如所言。元海问其故，橛儿遽化为蛇，投入山穴，露尾数寸。使者斩之，仍掘其穴，忽有泉涌出，激溜奔注，与晋水合流，东入于汾。至今近泉出蛇，皆无尾，以为灵异，因立祠焉。①

故事的主人公是名叫橛儿的4岁神童，看到刘渊筑城连连失败，百姓受苦，主动申请筑城。刘渊不信，但橛儿果然在飞沙走石的深夜筑城成功，百姓不必再受难。刘渊担心神童日后为乱，派人围剿，神童变为银蛇向石缝钻去。军人砍杀，斩断了蛇尾，鲜血汩汩流出，随后变成了山泉水。

此故事亦收入清代著名文人、《桃花扇》作者孔尚任编撰的《平阳府志》。

虽然是个神奇的故事，但从中可见，刘渊在平阳建都，必有一番城市建设规划，而且得到了落实。水是城市的命脉，在筑城的同时，汉国对龙子祠泉水进行了修缮和利用。这一历史事件正史没有留下记载，在地理志书中却以神话形式曲折地保留下历史痕迹。这也是文献中关于利用龙子祠泉水的早期记载。

挂龙子祠匾额的复建山门

水神护佑

后人以橛儿为真龙显身，为民送水，当地称蛇为小龙，此泉即是龙子泉，又建造龙子祠。关于泉水，民间还有水母娘娘的故事，类似晋祠难老泉的传说。②

泉水来历在历代故事中被不断神话，南匈奴汉国的历史与神话故事早已合体。

路边较新建筑群由天龙寺、法显纪念馆、康泽王庙组成。内部通联为一体。路侧一座三开间悬山顶山门殿，挂龙子祠匾。门内多通历代重修石碑。现存元至元二十三年（1286）增修康泽王庙碑、元元贞二年（1296）重修康泽王庙碑、元至正九年（1349）重修普应康泽王庙庑碑等，是民众修缮水利的重要历史证据。目前已知最早的修缮文字为已佚金大定十一年（1171）《□□康泽王庙碑记》，记载龙子祠神庙来历颇详尽：

> 泉之旁有旧祠，世祀神龙，为此水之主。耆耋相传，刘元海僭据时，重筑陶唐金城，昼作夜坏，募能成者，先有韩媪，田间见巨卵中有婴儿，收养之。时年数岁，白媪曰："我能城，可旗募取。"即化蛇引前，教媪持灰随志于后，从筑而城成，蛇入岩穴不复出。元海之使穷掘其处，有泉涌出，遂资以灌溉。新旧《图经》《寰宇记》并载其事，后因祀之，曰龙子祠。千里之内，遇旱干致祷即应。宋熙宁八年，守臣奏请封泽民侯，庙额曰"敏济"。

崇宁五年再封"灵济公",敕曰:"凡厥祷祈,应不旋踵。"宣和元年加"康泽王"。庙有唐天祐二年、宋宝元三年、政和四年感应碑。传祀既久,官民崇敬。庙制寝广,嘉木蔽翳,清流白石,为州之胜地……③

此碑文所载橛儿事与《太平寰宇记》颇同,且提到了在当地的新旧《图经》《太平寰宇记》中亦有载。所言刘渊所建之城名陶唐金城,可能来自匈奴汉国为其都城赋予的佳名。金城之名亦与今金殿暗合。《太平寰宇记》记为刘元海城,显非本名。

元代重修康泽王庙碑碑首

碑文又载因祈雨灵验,龙子祠神尊号于北宋末年为康泽王,并延用至金元时期。从碑文记录前代之多通水神感应碑,可追溯此庙至少在唐末天祐二年(905)已有。

龙子泉又名平水泉,自古以来就是临汾地区民众用水的重要来源。刘渊建都金殿时,必会进行城市用水的管理。此后历代,龙子祠泉水均为地方水利命脉,水神祭祀也日益成为一方盛事。这是民间故事将汉国城市建设和泉水故事结合一处的背景。

潜龙碧血

潜龙碧血化清流的故事，与西晋当时的社会风俗有关。潜龙在渊，本出自《周易·乾卦》。又有爻辞，九五：飞龙在天，利见大人。所谓君子要待时而动，善于保存自己，不可轻举妄动。这很符合刘渊起兵前的处境。刘渊字元海，这个名字与乾卦具有对应关系。

刘渊"幼好学，师事上党崔游，习《毛诗》《京氏易》《马氏尚书》，尤好《春秋左氏传》《孙吴兵法》，略皆诵之，《史》、《汉》、诸子，无不综览"④。如果这些记载属实，了解《易经》的刘渊，有可能利用乾卦内容自我标榜。匈奴贵族子弟能有如此儒学素养，难免有所夸大，但也不应尽是空穴来风。

刘渊为潜龙，神童为小龙（蛇），已将尊卑主次暗线埋下。现在的神话范本中，神童化蛇被杀情节类似刘邦斩蛇起义故事，或许是类似底本在不同历史氛围里的又一翻版。

两晋时期是中国古代小说发展的初期，曾经出现很多被称为志怪类的古小说，即使在正史中也能发现很多看起来荒诞不经的内容。时人并没有认真加以区分，如《西京杂记》《搜神记》都是流传下来的这类著作。其中很多篇章被后人作为故事核心架构继续加工，隋唐的传奇小说就是由此发展而来的。

龙祠这一传奇故事中，水神神童助刘渊修城的线索，符合汉国御用文人为造神，附会潜龙在渊，彰显汉国合法性的目的。但故事里又通过杀害神童对汉国施政进行了隐晦的抨击，这或许是胡汉文化交汇的折射。

龙祠盛会

《史记》卷110《匈奴列传》载："岁正月，诸长小会单于庭，祠。五月，大会茏城，祭其先、天地、鬼神。"《汉书》卷94上《匈奴传》也载："岁正月，诸长小会单于庭，祠。五月，大会龙城，祭其先、天地、鬼神。"⑤

《后汉书》卷89《南匈奴列传》载："匈奴俗，岁有三龙祠，常以正月、五月、九月戊日祭天神。南单于既内附，兼祠汉帝，因会诸部，议国事，走马及骆驼为乐。"⑥

每年的龙祠大会是匈奴民族盛大的节日，祭祀祖先、天地神明，各部聚会，休闲娱乐。这样的场面类似蒙古人的长生天崇拜、那达慕大会等内容的大集合。平阳龙祠显然是继承了匈奴传统风俗的祭祀地。

龙祠之名来自匈奴风俗。匈奴汉国首都需要建立龙祠这一民族祭拜的标志场所。平水泉出露，地处大山和平川交界地带，地形殊胜。作为龙祠是合适的。刘渊、刘聪父子在平阳建都10年，龙祠是汉国重要的祭祀地。⑦

水神崇拜、匈奴民俗、刘渊建都、易学、谶纬……多层来源，杂糅一处，共同构成了这个神奇而又引人思考的民间传奇故事。潜龙、筑城、泉水、建祠，故事元素丰富。

回溯传说，我们饶有兴趣地看到，历史经过历代解读和不断演绎，造就了复杂的形态。从复杂的呈现中力图复盘其最初来历，如探案一样充满了不确定性。

龙子祠山门边，老人们悠闲下棋，我倚在石碑旁观战。当年这里是祭拜匈奴祖先的龙祠。西侧不远泉水所在,千百年来是临汾郊外游览胜地。[⑧]康熙四十六年(1707)二月一日,主持编撰《平阳府志》的孔尚任来此游历,有诗《二月朔日同人游龙子祠分韵》:"远隔红尘世外幽,宜人景物失乡愁。含烟店柳从容发,破冻山泉放肆流。"

现在,这一带2000多平方公里土地被划为泉域保护范围。当年泉眼成群,奔涌的地下水如今已被围在南北两个几百米见方的大水池里。随着环境变化,水面上再难看到明显的水头,当然也无法再"放肆流"。不过还是清水见底,有小鱼群游弋其中。池南一条引水渠向东南延伸,树影婆娑,水流清澈。这条水流至今滋润着附近多个村落的农田。

一股水流穿过金殿村中心小桥,几位农家女还在水边洗涮。桥边

龙子祠泉池中的鱼苗群

龙子祠泉引水渠

龙子祠泉水流经金殿村中心老院

仅存村里唯一老院,主人还是刘氏。汉国平阳大乱已过去1700年,我恰在此时回到金殿村。

日落西山,龙祠池边,看水平如镜,天光渐暗。匈奴汉国好像只是水下的一道暗流，早已不知去向。

注释

① 《太平寰宇记》卷43《河东道四》，中华书局，2007年版，第898—899页。
《搜神记》卷14，中华书局，1979年版，第172页："晋怀帝永嘉中，有韩媪者，于野中见巨卵。持归育之，得婴儿。字曰撅儿。方四岁，刘渊筑平阳城，不就，募能城者。撅儿应募。因变为蛇，令媪遗灰志其后，谓媪曰：'凭灰筑城，城可立就。'竟如所言。渊怪之，遂投入山穴间，露尾数寸，使者斩之，忽有泉出穴中，汇为池，因名金龙池。"汪绍楹校注认为此条本非《搜神记》内容。

② 周亚：《晋南龙祠——黄土高原一个水利社区的结构与变迁》，商务印书馆，2018年版，第49—54页。

③ 《三晋石刻大全·临汾市尧都区卷》，三晋出版社，2011年版，第423页。

④ 《晋书》卷101《刘元海载记》，中华书局，1974年版，第2645页。

⑤ 《史记》卷110下《匈奴列传》，中华书局，1963年版，第2892页。
《汉书》卷94上《匈奴传》亦载此句，"茏"写为"龙"，以后文献均作"龙城"。《汉书》卷94上《匈奴传》，中华书局，1962年版，第3752页。

⑥ 《后汉书》卷89《南匈奴列传》，中华书局，1965年版，第2944页。

⑦ 王汝雕：《临汾建置沿革》，山西人民出版社，2006年版，第112—113页："在当年的'龙祠'，建有专门用于祭祀的大单于台。"单于台、单于左右辅是匈奴汉赵国胡汉分治政策下管理各类胡人的机构，非用于祭祀。
《晋书》卷101《刘元海载记》，中华书局，1974年版，第2652页：刘渊去世前，"置单于台于平阳西"。
《晋书》卷102《刘聪载记》，中华书局，1974年版，第2695页："单于左右辅，各主六夷十万落，万落置一都尉。"
《晋书》卷103《刘曜载记》，中华书局，1974年版，第2699页："置单于台于渭城，拜大单于，置左右贤王已下，皆以胡、羯、鲜卑、氐、羌豪杰为之。"
《三晋石刻大全·临汾市尧都区卷》，三晋出版社，2011年版，第46页：元至元二十三年（1286）《增修康泽王庙碑》载："每春季月，农功方始，阖境亲还迎休，击羊豕，伐鼓啸禽，节迎享送为乐。故四方香火者莫不期一到，游观者莫不为一日留。"元人对龙祠春天庙会场景的记录，颇有些匈奴龙祠大会的影子。

《魏书》卷106上《地形志上》，中华书局，1974年版，第2477页。载有晋州平阳县有龙子城，或与龙子祠有关。

⑧《元和郡县图志》卷12《河东道一》，中华书局，1983年版，第337页："龙子祠，在姑射山东平水之源。其地茂林蓊郁，俯枕清流，实晋之胜境也。"

祭 祀 JISI

　　文化遗产中的祖先祭祀活动带有鲜明的民族文化属性。在南匈奴文化中，祭天祭祖一直是最为宏大的民俗活动。山西南匈奴后裔的祭祖场所，是以刘渊神庙的面貌出现的，有的遗存至今，有的历史存在有史料可考，可知有刘王庙、汉光文皇帝庙、汉高祖庙、汉王庙、刘渊行宫等多种名号，地理分布于离石、临县、中阳、文水、汾阳、晋源等地。南匈奴后裔汉化后，经历千年，仍可寻到若干南匈奴祭祀地遗迹，是长时段探究民族融合嬗变过程的极佳史料，同时亦让人惊叹于匈奴民族文化悠远绵长的生命力。

东川河谷刘渊行宫

东汉后期，南匈奴内迁定居于吕梁山区。西晋末年，南匈奴首领刘渊在北方首先起兵反晋，开启十六国—北朝历史序幕。近年考察中，我发现两处东川河谷地区的刘渊行宫遗迹，为认识胡汉融合的历史过程提供了新的实物证据。

陈家塔行宫

自离石经东川河谷，进入汾河河谷，可到达汾阳、介休等地。这条路线是一条古道，也是现在高速公路、国道通过的地方。

一天下午，我来到大东川河谷陈家塔村北的凸出高岗上的五道庙，欣喜地在草丛里看到元人所立重建汉光文帝庙碑，碑文为元代附近村社民众自发集资修缮庙宇的记录，由汾州西河县杨泉里丹青处士篆额并书丹。

同时碑文大体叙述南匈奴南迁、刘渊建国，后为神明之事。

神有威灵，人心共享。人有诚功，神明相助。时丰岁稔，赖帝王之洪恩，国泰民安。假神明之厚荫，既蒙其德，宜祭以时恭

| 祭 祀 |

谨。汉光文帝，尊神者，昔日明王，今世灵神。三皇五帝之苗裔，播迁于远久矣。车书不同，漫不可考。盖厥祖积德之深，得志行乎中国，或王或霸。如秦苻坚、魏拓跋氏，莫不为一代之贤。文章礼乐六艺可观，又未可以春秋之法断之也。昔日汉光文帝冒顿之后。汉高祖以宗女妻冒顿，子孙遂冒刘氏。建武初乌孙留若鞮自立为南单于。居西河美稷。今离石左国即单于所徙庭也。父豹左贤王。魏武分其众为五部，皆家晋阳汾涧之滨。豹妻呼延氏梦吞卵而生光文，有文在其手曰渊，因以为名焉。字曰源海。生而异征，长而好学，经史兵法，靡不涉猎。尝谓同门曰，吾妙绝于众，膂力过人。身高八尺四寸，发长三尺有余，中有赤发三根，长三尺六寸。泰始之后，建国成邦，再不可言。后谥汉光文帝。此处建立行宫，立其庙貌。岁月以久，风雨摧朽，乡人叹之曰，亦可重修糺辊，无其敢承者……

碑文前讲："人有诚功，神明相助。时丰岁稔，赖帝王之洪恩，国泰民安。"后叙述刘渊故事："汉光文帝，尊神者，昔日明王，今世灵神。三皇五帝之苗裔，播迁于远久矣。""盖厥祖积德之深，得志行乎中国，或王或霸。如秦苻坚、魏拓跋氏，莫不为一代之贤。"而"又未可以春秋之法断之也"。可见元人对十六国—北朝政权的态度。此后碑文追溯南匈奴历史，记述刘渊事多取自《晋书》卷101《刘元海载记》。只是在乌孙留若鞮单于事后，径直接入"今离石左国即单于所徙庭"一语，显得突兀。

碑文为神话刘渊，将历史事实称为刘渊的预言。所谓"尝谓同门曰，吾妙绝于众，膂力过人。……泰始之后，建国成邦，再不可言。"

"后谥汉光文帝。此处建立行宫，立其庙貌。"在此地建庙纪念刘渊的，显然是南匈奴后裔。

随后叙述附近民众捐资修庙事，其中提到同时建广禅侯神祠一座。可见这个小山岗上是元代民间神明的集中供奉地，刘渊庙或谓行宫是其中之一。广禅侯庙是兽医马王爷的崇拜祭祀场所。民间有北宋时晋城兽医常顺医治北宋军马的故事。马王爷崇拜的延续说明这一带在元代依然是农牧兼作区。碑文落款"大元后至元二年岁次丙子仲夏□□日立"。推算干支可知，立碑时间为元顺帝至元二年（1336）。

高岗上的陈家塔元碑

田野中的元重建汉光文帝庙碑(局部)

元重建汉光文帝庙碑碑首题字

有趣的是，此深埋入土的石碑，后代放反了方向，碑阳文字朝北。书写捐资人题名的碑阴一面却朝南：碑首"惟愿建立之后，人口无灾，六畜兴旺，田蚕万倍"，透露出元代东川河一带农牧业生产情况。下部是捐资人名单，重建此庙的功德主以张进家族为首。碑文中记载，首先倡议捐资修庙的是当时的"社长"张进之子——张子实。右侧记录都维那二人，石灰维那一人。左侧记录有"本州在市高副使、当里傭勤佃客曹福"等人，"梓匠石窟村翟庭实"，屋瓦匠、铁匠的人名等。佃客也列入到捐资名单里，对了解当时的社会阶层和生产关系是有价值的资料。

元代碑文表明，元代刘王庙即刘渊行宫曾得到村民集资修缮。自十六国至元，千年时光，刘渊从人到神，被尊为地方神灵，其故事在民间广为流传。

夕阳下，村民在附近收拾作物，石碑周围是茂盛的野草，我试图拔一些，看碑文更清楚些。斑驳的元碑与村民的生活很远了。今年雨水大，地里的黍子长势很好，这对靠天吃饭的大东川农民来说是好消息。

上四皓行宫

东川河边有上四皓村，村北高岗上旧有关帝庙。2008年，文物部门在这里发现了一件元代石刻文物。十年后，经王先生指引，我在文物库房里找到了这件文物，其外表似经幢，为六面体，各面均有铭文。

祭 祀

石柱上的元代铭文

拂去积尘,借助手电筒的光,逐渐看清铭文,录文于下:

创建本庙醮盆一座,龙岩院住持僧讲主李义珪。

神有威灵,人心共享。人有诚功,神明相助。时丰岁稔,赖帝主之洪恩,国泰民安。假神明之厚荫,既蒙其德,宜祭以时恭谨。汉光文帝,尊神者,昔日明主,今世灵神。三皇五帝之苗裔,播迁于远久矣。车书不同,漫不可考。盖厥祖积德之深,得志行乎中国,或王或霸。如秦苻坚、魏拓跋氏,莫不为一代之□。文章礼乐六艺可观,又未可以春秋之法断之也。昔日汉光文帝冒顿之后。汉高祖以宗女妻冒顿,子孙遂冒刘氏。建武□乌孙留若鞮自立为南单于。居西河美稷。今离石左国即单于所徙庭也。父豹左贤王。魏武分其众为五部，皆家晋阳汾涧之滨。豹妻呼延氏梦吞卵而生光文，有文在其手曰渊，因以为名焉。字曰源海。生而异征，长而好学，经史兵法，靡不涉猎。尝谓同门曰，吾妙绝于众，膂力过人。身高八尺四寸，发长三尺有余，中有赤发三根，长三尺六寸。泰始之后，建国成邦，再不可言。后谥汉光文帝。此处建立行宫，立其庙貌。岁月以久，风雨摧朽，乡人叹之曰，亦可重修紏辊，无其敢承者。伏闻敬神如在礼，必声于精诚，求福有□，时不阙于祭祀，维刘王之庙宇，实前代之神祇，或求雨泽之依期，或祷福田之称音，焚香有处，□□无依，今则各舍净财，同兴□意，功夫用度，堪石磨□创建醮盆一座。庶几永久伏愿各家安泰，士庶亨通，不逢饥馑之危，常获丰登之兆。灵显真君。岿大元至元庚申年辛巳月辛卯日壬辰时立。纠首乡老乔温男、乔贵、乔惠、刘思德、刘聚。文安乡石匠提控韩思忠、弟韩思明刊。

铭文之外的两个立面分上、下两部，上均为云龙线刻图案，下为捐资人名单，一为维那众名单，为首的是刘氏族人，另一为村人众。

通读以后，可知在上四皓发现的这节六面体石刻，不是经幢，铭文是记载乡民在刘王庙集资修建醮盆之事。从形制看，应是醮盆的支撑石柱。文内的汉光文帝和刘王庙均顶格，以示崇敬。文字内容大体不出正史范围。刘渊的异相和读书经历，均来自《晋书》卷101《刘元海载记》。元时刘渊已成一方神明。历史的发展被人们神话为预言，即"泰始之后，建国成邦，再不可言"。

| 祭 祀 |

元代两次使用至元年号，都有庚辰年。上四皓石刻铭文年款处没有写明年号是前还是后至元。前一个庚辰年是元世祖至元十七年（1280），后一个庚辰年是元顺帝至元六年（1340），相隔一甲子，两庚辰年的干支一样。

从铭文可知，所谓"行宫"即汉光文帝庙、刘王庙，"行宫"是元人俗称。陈家塔元碑和上四皓醮盆铭文主体内容大段雷同，两地不远，很可能出自同一文本。由此，上四皓醮盆铭文的镌刻时间以元顺帝至元六年（1340）更为可靠。

两处刘渊行宫的信众很可能存在联系。陈家塔汉光文帝庙修缮后仅四年，上四皓人也在刘王庙里建立醮盆。

东川河谷这两座留存至今的刘渊行宫距南匈奴统治核心区单于庭左国城（今方山县南村）不过几十公里。刘渊去世后，其后裔在此建立祭祀场所，这里很可能曾是刘渊停留过的地方。如从东川河谷前往汾河盆地，"行宫"的军事价值十分明显。这条道路也是明清晋商在汾河流域、碛口之间往来的必经之处。所谓"填不满的吴城"就在上四皓村附近。

近年发布的《唐故王君墓志铭并序》提供了上四皓刘渊行宫更早期的真相。

君讳元节，字先操，昌化郡离石人也。其初出自有周后稷之苗裔。文王之胤，王龟之后。因官命职，遂居此焉。……曾祖雅，齐任魏郡太守，祖风庐，隋任楼烦郡司马。父谷……任离石府校尉。君……谥随辅左羽林飞骑。春秋五十有三……以开元十二年七月五日终于私第。……夫人莫遮氏……以天宝十一载岁次壬辰十一月甲辰朔六日已酉合葬四皓西原，礼也。东瞻黄岭……西迫郡城……前临南汉刘王营之留踪。却眺高岩，古人遗迹犹在。①

墓主王元节为离石人。墓志上说为周代王族之后，自是出于伪托。墓主曾祖、祖父、父亲三人历任官职都是武职为主。其父担任离石府校尉，即府兵军府军官，王元节"随辅左羽林飞骑"，即曾任唐中央禁卫军军职。飞骑是募兵制下招募的禁军名号。

墓志载其夫人为莫遮氏。莫遮即莫折，羌族大姓。王姓，南匈奴、羯、乌丸、羌等族中都有。夫人为莫折氏，墓主王元节也可能出自羌族大姓钳耳，后改王氏。当然至北朝后期，吕梁地区的各少数族已被统称为稽胡（山胡）。

更值得关注的是，墓志铭对夫妻合葬地的地理描述："天宝十一载……合葬四皓西原，礼也。东瞻黄岭……西迫郡城……前临南汉刘王营之留踪。却眺高岩，古人遗迹犹在。"

墓志上说的"四皓"，正是现在的上、下四皓村。"黄岭"是指黄栌岭，自古就是汾阳、离石之间的分水岭。"郡城"是离石城。"南汉刘王营"应与所谓"刘渊行宫"有关。只是唐人称刘渊建立的汉国为南汉较罕见。"古人遗迹"让我想到村口残存的一段高大夯土墙遗址。此通唐志印证了所谓"刘渊行宫"所在地可能是匈奴汉国建立或曾使用过的一处军事堡垒。堡中存在匈奴人祭祖场所，即刘渊神庙。时光流转，堡垒逐渐湮没，香火不断的刘渊神庙被后人称为"行宫"。

墓主王元节很可能即是四皓村人，此村落可能是在南匈奴堡垒旧址上发展起来的。考虑到此地为南匈奴活动区域，南匈奴中也有王姓，墓志文中特别提到刘王营这一"古人遗迹犹在"，墓主为南匈奴后裔的可能性也很大。

唐代中期，离石稽胡人早已成为编户齐民、国家的军事力量。墓主的经历正是例证。

此唐志比元铭文时代早近600年。距刘渊起兵的304年，时隔400多年。如果说元代人的碑刻记载更多是追溯历史，那么唐代墓志则更为接近历史，"刘王营"原址在唐代还在，其来历为当地居民熟知。

唐代刘王营到元代被人们认为是刘渊行宫所在，不远处的陈家塔行宫也是如此——这些地处山川险要之地的所谓"行宫"，初始职能应是军事据点。军事色彩减退，刘渊由人到神，后人记述才与最初的史实渐行渐远。

幸存至今的东川河谷刘渊行宫遗迹，让我们看到了那段扑朔迷离历史的冰山一角，还有更多秘境隐藏在这片山川之间。

注释

① 王仲璋：《汾阳市博物馆藏墓志选编》，三晋出版社，2010年版，第56—57页。

阴错阳差——五路大将军庙和刘王庙

不经意间的发现，总是让人惊喜。类似的事，我在探索山西秘境的路上经常遇到。但这次吕梁深山中的寻访，确实是无巧不成书。发现了未知，完成了不可能，成就一段完美的回忆。

天上掉下来的五路大将军庙

清晨，从方山县城圪洞镇向西，很快进入绵延的山谷丘陵地带，要去的目的地是临县刘王沟村刘王庙。刘王庙是祭祀刘渊的场所。晋中、吕梁各地独特的龙天庙崇拜系统是胡汉融合产物，与刘王庙也多有联系。

薛先生开车，他说早年去过此庙，庙会红火，距离也不远。很快我们发现这条通往临县的公路越走越差，轿车多次险些托底。到了两县交界的汉高山一带，成了土路。汉高山之名，当地传说是汉高祖刘邦北征路过此地。但检索史书可知，当时刘邦北讨韩王信和匈奴是从太原北上平城，偏师在离石击败韩王信余部，刘邦本人未至此处。颇疑此汉高祖庙亦为刘渊庙。旧时汉高山上曾有十多座佛道寺庙。[①]

在土路上颠簸前行半个多小时，周围山地荒芜无村落。通过两县之间的天然垭口，进入临县东部。就在以为走错路的时候（实际上确实走错），土路边出现了第一个山村。薛先生说当年他就是在这里参加了热闹的庙会。大家很高兴下了车，以为这就是刘王沟。

在村边的河沟里有一座崭新的庙。庙内是新建歇山顶三开间正殿。殿内供桌上的牌位颇多。居中的是五路大将军神位，旁边是关圣老爷、西天大圣、文昌帝、郝将军神位。五路大将军神还是第一次知道。殿内墙壁上挂满无数敬神锦旗，大多是敬献给五路大将军的。

殿前廊下一通 2011 年重修五路将军庙碑。虽是新碑，但上面的记载很有趣："盖闻五路将军，修炼三千成神，一百八十余载，始由刘门供奉，后因刘氏迁出……六九马氏明成，砌石'爷爷会'云……"后记录近年众施主捐资 80 余万修成新庙，"主奉五路将军，同殿还祀五神，郝将军与关帝、文昌财神大圣……"可知此庙供养人最初是刘氏。

在外墙上看到一则劝募告示，说玉坪乡山刘家沟村五路大将军庙将重建，"与关帝老爷分开住"，需投资 100 多万，呼吁各界人士集

重修五路将军庙碑

资。从村名可见此地的最初居民为刘氏。②

大山深处,手机信号显示无。河沟里到处是鞭炮燃尽的包装垃圾,简易的戏台上有文字:艺苑新秀轻歌妙舞颂和谐,五路将军圣寿恒春同天地。

这是座从未被外界了解的村庙,主神是五路(大)将军。不久前的农历十月二十九,是五路将军的生日。每年此时,就是庙会之日。

殿内新塑的五路大将军像

早年薛先生来参加的就是这个庙会，而不是计划中的那座刘王庙，也就是说，我们发现了一座未知的神庙。

几年后，此庙扩建完成，成为一座两进院建筑。关公单独建殿供奉，主殿是五路将军主尊，左右供奉的是郝将军、文昌君。

左国城是内迁南匈奴的政治核心。周围高山峡谷间，也是南匈奴部众驻扎放牧的区域。吕梁山的半农半牧生产方式，千百年并未因王朝更迭而消失。至今，这一带山民多有养马、放牧牛羊者，游牧民族风俗习惯尚存。

西晋杨骏执政时，为拉拢南匈奴，授刘渊官职为建威将军、五部大都督。司马颖给予刘渊的官职是冠军将军、监五部军事，"使将兵在邺"。《资治通鉴》卷85将刘渊从邺城回到离石起兵的时间记在晋惠帝永兴元年（304）农历八月到十月之间，刘渊从离石迁都至左国城时间为农历十月至十一月之间。刘渊迁都左国城后，"胡汉归之者愈众"。《晋书》卷101《刘元海载记》亦载："迁于左国城，远人归附者数万。"

对照史料记载，此庙神主五路将军生日农历十月二十九，恰在刘渊起兵后迁都至左国城期间。五路应与五部有联系，五部大都督本是刘渊的官称，五部即南匈奴五部。年代久远，所谓建威将军、五部大都督和冠军将军、监五部军事的官职有可能后来简化为五部大将军号。南匈奴汉国消亡后，后裔在左国城周围继续生活，有意讳言或掩盖汉国痕迹，五部异化为五路，既延续了祖先崇拜也避免了麻烦。

历史不能假设，但历史的细节需要合理假说，然后再求证。五路将军庙由来已久，有可能是某些回到方山的五部余众，在曾驻扎的地方建起祭祀场所。祭祀时间可能是刘渊迁都左国城之时。这一天是否即是他的生日,也未可知。

刘王沟里刘王庙

告别五路将军庙,前往既定目标刘王庙。又在土路上颠簸了一会,经过几公里看不到人烟的丘陵地带,才回到柏油路上。下山的路要快一些,终于来到了临县湫水河谷。湫水河下游汇入黄河处就在著名的碛口镇。起初我以为刘王沟村在山谷里,没想到在去三交的大路上,就看到刘王沟路标。进村的路,其实是沿着一条湫水河的支流向上。在村子的最东边,看到了刘王庙的门楼。

这是座几乎被废弃的村庙。倒座戏台已基本坍塌。庙里只存台基上的一座正殿,硬山顶三开间,前有廊,显为晚清以来的建筑。

三间正房分别开门,分供不同主尊。塑像和壁画都是新作,十分粗糙,大多彩绘已脱落。当心间主尊是刘王爷,壁上有刘王征战场景图。东次间主尊龙王,壁画是布雨图和疑似封神演义中的场景。西次间主尊是蔡伦,壁画内容是造纸题材。这座刘王庙将刘王的神力具体为水神,于是将龙王化身单独供奉。村里的桑皮造纸技艺远近闻名,于是村人把造纸术发明者蔡伦供奉于此。造纸和制香是村里的特色手工艺,这两项非遗的兴盛都离不开刘王庙历史上的旺盛香火。在村里顺路就看到一户制香作坊的工人在晾晒待切的香板。

民国六年(1917)《临县志》卷16《古迹》刘王庙条载:"刘王庙,县治南四十五里曰刘王沟,相传刘渊引兵过此,有德于民,土人立庙祀之。"刘王沟村在临县湫水河河谷开阔地带,与方山左国城隔山而望,直线距离几十公里。至于是庙从村名,还是村由庙来,待考。很可能此地最初也是南匈奴在湫水河谷地的一处军事堡垒,神庙是其中的组成部分。

刘王庙

刘王庙作用如水神庙。如乾隆《汾阳县志》卷12收录元至元二十四年（1287）《西河尉陵里刘王庙碑铭并序》中指出，刘王即刘渊，其后世恩惠神力为施雨，"每值亢旱，有祷辄应，甘泽沛然而降，屡致丰登，生民之所赖焉"。另，太原晋源南关龙天庙主殿刘王殿内墙壁上绘施雨图景。可见各地刘王庙主尊的主要神力大体一致。由民国六年（1917）《临县志》和庙内供奉情况看，刘王沟刘王庙主尊即是刘渊，其主要神力也是类似水神。

按照时间，我要在中午赶到吕梁火车站上火车。离开刘王沟时已接近上午11点。常理来看，这里去往火车站都是山谷路段，且大武路口经常堵车，理论上是不可能按时抵达的。但这天的路况难得顺畅，再加上薛先生路熟，在安全的前提下，速度中上。大武路口竟也没有遇到大货车排队的情况，就这样，一路怀着忐忑的心情，最终我在火车发车前8分钟时冲进火车站。

与方山朋友笑谈：如有大单于护佑一般，在有限的时间内意外发现五路将军庙，找到刘王庙，完成不可能的旅程，登上火车。如此刺激而完美，成为访古人生中的又一段珍贵回忆。

注释

① 汉高山山巅曾有汉高祖庙，参见拙文《消失在历史中的刘渊神庙》。
② 临县王利峰女士介绍，当地村名中的山字是指方位。如山刘家沟村名是指山上的刘家沟村，平川地区的刘家沟村则称川刘家沟村。

| 祭 祀 |

寻访刘家嶂　发现刘王庙

　　文水西部山区和离石交界处，自然环境极佳的苍儿会，现已成为旅游休闲景区。这里建设起高山峡谷中的苍儿会高尔夫球场。这个球场所在的峡谷，历史上属于刘家嶂村。村子早年搬迁，已荒废。沿峡谷向北，可抵达离石区西华镇地界的高山草甸，即著名的四十里跑马墕，是离石和文水交界处。那里有刘王晕山，在交城、文水方言中，渊、晕、云同音，刘王晕山就是刘渊山。现在所谓云顶山，也是来自刘渊山之名。这条深山孔道中的刘家嶂村以及村中的刘王庙，自然也与刘渊脱不了干系。

　　左国城是南匈奴大本营，吕梁山很多高山草甸都是很好的牧场，是当年南匈奴繁衍生息的地方。从四十里跑马墕沿峡谷，来到刘家嶂峡谷，经过苍儿会河谷，可进入文水的平川地区。

　　多年来随着刘家嶂村的废弃，那里的一切都变得遥远。

　　苍儿会高尔夫球场利用了刘家嶂村峡谷的入口部分。峡谷里山花烂漫，森林茂盛。来到人工草坪的尽头，小路崎岖，经过几处小型山间空地，都有散养牛群栖息。在"四十亩地"附近，几百头牛已经是这里的主人。山崖上是森林，接近山顶有一处城堡遗址，远望可见均为片石垒砌而成。正是瞭望山谷的绝佳位置。

深山谷地中的天然牛场

刘家嶂荒村

继续前行不久，车辆难行。徒步沿小河道边的土坡继续行进，植被茂盛，不久进入密林。再前行约半小时，在遍寻不见的时候，发现了前方林中出现一座废弃的单孔石拱桥，这就是村边的石桥。走过石桥，即看到坍塌后的村子东门楼，仅存圆形券门。眼前一条小径，就是过去村中的正街。

在路的左侧，是一片房屋的废墟，地面上残存基址，赫然矗立多通石碑，其中靠北侧的一通，地上部分高约1.5米，额题"刘王碑记"，幸运的是，铭文仍可识读，其文载："今汾州府城北山刘家掌村旧有刘王天子庙堂，由来久矣。当日刘王偶居于此，振纲常，励人心。小民之被德者至深，及其没也，上帝因其正直，而敕令

额题"刘王碑记"

碑阳局部

为神。后人因建立庙堂，虔诚奉祭。至尊至灵，报应不爽。但历年久远，庙貌残缺……"后文记录村民和众善士共同捐资修庙事。由"临邑庠生刘国栋撰，本村弟子武正印书"。还列举了修庙纠首和捐资名单及银两。武正印施银十六两五钱，为最多。立碑时间为清乾隆八年（1743）腊月吉日。从名单中可见，当时村里姓氏有刘、孟、郝、武等。

碑文中虽未明言刘王为何人，但刘王天子即皇帝，而且还曾偶居于此，符合这个情况的只有建立匈奴汉国的刘渊。刘渊建国后，汉国军队从吕梁山向东、向南进入汾河流域。刘渊本人途径此地是很可能的。立此碑已是清代中期，当时难以找到更早的刘王庙碑刻，普通村民或无法探究刘王为何人，又是如何从人到神的。所以碑文中解释说上帝"敕令为神"，即来自上天的指令。于是后人建庙供奉。

村名刘家嶂，又作刘家掌，或刘家长，均指这处在层峦叠嶂山崖前幽谷中的村落。因刘氏在此居住而得名。此村始祖可能即刘渊后裔或与南匈奴后裔关联之人。后人追忆，说："（刘王）振纲常，励人心。小民之

刘王庙碑碑阳

被德者至深",即得其恩惠,刘王去世后,建庙祭祀。

由碑文可知此庙自刘王去世后即已存在。

民间祭祀场所能长期存在,一般都是具有某种实用功能,如求子、求雨、生育、医药、功名等。但此碑文中没有谈到祭祀活动具体祈求和应验情况,仅提到至灵、不爽,较为罕见。

民族融合是中华民族不断发展壮大的基础。此碑虽为清中期所立,但证明了这里是吕梁山深谷中的一处刘王庙遗址,结合地名和历史记载,可判断此庙神主即为刘渊。本村最初或为刘渊活动范围内的一处军事堡垒。祭祀祖先的神庙本是堡垒中的组成部分。后堡垒蜕化为村落,神庙则凸显其民间信仰力量,长久不坠。

此碑的发现为独特的刘王庙崇拜体系增添了一处重要实物,有利于认识南匈奴后裔的分布和汉化过程,为吕梁地区民族融合史的丰富性增添了又一有力证据。

在刘王庙碑旁房屋基址上,还有三通石碑,其中两通立碑,一通倒地。立碑中一通被大树包围,部分碑文已无法读取。大体可知为万历二十六年(1598)所立观音堂碑,记录有来自祁县的大际和尚来到村内古堂,得到刘氏族人舍地供养建立佛寺的事。撰写碑文的是少林寺第25代住持幻休嫡孙定实。碑阴额题"皇帝万岁"。下文列举修庙纠首和施地者,其中刘、郝为大姓。施地有葫芦河、石塔地两个地段,两地

额题"皇帝万岁"

应该就在附近。具体地块四至里提到官道、渠、堰、天河等地理标志物。可见村子附近有官道，有水流和人工的水利设施渠、堰等，这都是进行农业生产所必须的。

刘氏、郝氏为南匈奴后裔——稽胡族群中的指标姓氏，明时早已完全汉化为山居农民。

另一通立碑为嘉庆岁次乙亥（即嘉庆二十年、1815年）仲秋八月所立佛殿观音帝庙补修碑，提到当时"本村之禅林由来久矣……今改建补修。右而三佛殿十王殿，左而（关）帝庙，东而观音堂，西而弥陀殿，上有刘王庙，村西新修山神庙以及钟楼乐楼"。可见当时的小山村内外有众多宗教祭祀场所。倒地一通为嘉庆三年（1798）八月刻立的重修碑，但未说明修缮之所。

刘家嶂村位置隐蔽，一面是山崖绝壁，一面是峡谷中的小河。村在山水之间的森林里，颇有些进可攻退可守的意味。前面山崖上的废弃城堡和古村应有关联。

文水文友为刘家嶂村旧址现存四碑做拓片，是多年来的首次。刘家嶂村历史得以某种程度上再现，被人们记得。我们在这里打捞起一段荒村历史。中午，大家在林间席地而坐，吃饼子就瓶装水。探索、发现，这一天的奔波是快乐的。

回到山口，高尔夫球场绿草如茵，人们在这休闲放松。谁知千年来，这里经历了从牛羊遍地的游牧世界到森林沃土的演变呢。

| 祭　祀 |

消失在历史中的刘渊神庙

东汉中期南匈奴内迁吕梁。东汉末年至魏晋时，南匈奴五部分驻汾河两岸。匈奴风俗必随五部播散各地。匈奴祭天祭祖活动是其重要内容。南匈奴汉国灭亡后，南匈奴后裔和其他进入山西的各种杂胡逐渐融合，北魏时开始被外界统称为稽胡（山胡）。其风俗习惯中祭天祭祖是必不可少的内容，祭祀匈奴汉国建立者刘渊是应有之义。

在稽胡汉化过程中，这类祭祀场所随着时间流逝而逐渐消失。千百年后，在山川之间，我们竟还能寻找到刘渊神主崇拜的一些历史线索。

近年来，我在考察中发现，今离石陈家塔村刘渊行宫、上四皓村刘渊行宫、临县刘王沟刘王庙、文水苍儿会刘家嶂刘王庙等均为历史上的刘渊祭祀神庙遗存，最初可能来自南匈奴军事堡垒。未来可能还会有新的发现。

除这些幸存的遗存可寻之外，在文献中我发现还有一些今已不存、于史有证的刘王庙记载，神主均为刘渊。

汾阳花枝村刘王庙

乾隆《汾阳县志》卷12收录元至元二十四年（1287）《西河尉陵

里刘王庙碑铭并序》载:"旧有刘王庙,乃亡金皇统三年癸亥之所创建也。"可知至迟在金皇统三年(1143),刘王庙已有。

> 每值亢旱,有祷辄应,甘泽沛然而降,屡致丰登,生民之所赖焉。爰揆神之所由,是乃龙之谓也,预示本形于母,以显其灵,盖自古帝王,莫不感于奇异,报以嘉祥。乾道变化,诞为人主,各致殊勋,或禅让以拱垂,或征伐而相继,一兴一废,世代相因。

可见刘王庙是当地民众祈雨灵验之地,并将龙王神力的来源归于古代帝王。碑文中以长文大量引用《晋书》卷101《刘元海载记》内容,叙述南匈奴历史和刘渊建立汉国的事迹。认为刘渊"生则为世主,没则为冥神,又能与黎民降之福,享此一方之血食,宜哉"。

碑文由汾州学正王元吉撰写。碑文落款署名者有汾州和西河县达鲁花赤、县尹、县主簿、县尉,即当时的州、县地方军政主要领导班子。可见刘王崇拜在当地流传已久,得到官方认可。王埧昌在《汾阳县金石类编》录文后记述,此元碑毁于民国初年。[①]

汾阳杏花村镇下堡村刘王庙

"刘王庙,位于村东,祀十六国汉主刘渊。此庙重建于元大德年间,由本村任氏先祖、统军都督元帅任英所资。原创建年代无考,现无遗址。"[②] 据汾阳张益平先生访问村里老人得知,旧时村民俗称神主为红袍将军。如下堡村刘王庙曾在元大德年间重建,则其始建应早于元。或与花枝村刘王庙类似,在金代已有。

| 祭 祀 |

远眺汉高山

中阳暖泉村汉高祖庙与临县汉高山汉高祖庙

"汉高祖庙,在宁乡废县西南一百二十里暖泉村,刘渊之庙也。"③宁乡即今中阳县。暖泉村在今中阳、石楼、交口三县交界山区,属中阳。经询问当地人士,知暖泉村现已无存此庙。

刘渊去世后,庙号高祖,谥号光文皇帝。④方志记暖泉村此庙名汉高祖庙,明言为刘渊庙。可知汉高祖庙即刘渊庙,是一回事。此处称汉高祖庙即用刘渊去世后的匈奴汉国庙号。

又临县、方山交界处汉高山山顶上亦有汉高祖庙。民国六年(1917)《临县志》卷16《古迹》有汉高祖庙条,载:"汉高祖庙,县志东五十里汉高山巅。高祖破左右贤王追至离石,驻跸于此山,后人立庙。"又有"汉宫娥祠。县志东五十里汉高山。高祖征陈豨驻此。三宫人死,瘗其麓，土人建祠祀之"。刘邦北征未经吕梁，时有汉军偏师破韩王信军于离石。当地传说为汉高祖刘邦北伐时经此而得名。此山巅之庙来历或为后人附会。

汉高山巅的汉高祖庙，与暖泉村汉高祖庙类似，很可能本为刘渊为主尊的神庙。其山名亦因汉高祖庙而来。所谓汉宫娥祠或为匈奴贵族女性祭祀地，与临县曜头村西皇姑墓、岚县之皇姑墓类似。

晚近民间附会此汉高山汉高祖庙主尊为西汉开国皇帝刘邦。以匈奴汉国为西汉，以刘渊为刘邦，这种以讹传讹也是一种民俗传播上的通例。越到晚近时，历史愈久远，讹传愈甚。

此民俗嬗变过程，在这两座汉高祖庙传承中颇为典型：明时地方民众尚知暖泉村汉高祖庙即刘渊庙，来历可考，延至明末清初，民间对魏晋北朝史事传袭更少，汉高山汉高祖庙的由来无从查证，于是认为是民间更为闻名的西汉刘邦。

现汉高山巅以现代仿古工艺复建五座建筑，从北向南依次是真武殿、高祖殿、龙王殿、千佛殿、菩萨殿，紧邻菩萨殿一正方形五层砖塔，称姑姑塔。建筑均在原址复建，但体量都超过旧时，以五开间高祖殿为核心。旧时汉高山巅古碑甚多，近年来多已不存，或被推倒于山坡土层之下。现只高祖殿前有清嘉庆六年（1801）残碑，龙王殿前有民国二十二年（1933）重修龙王庙碑。嘉庆残碑漫漶，可辨识："汉高山诸庙由来久矣，前者未明""大国至大元年建五姑神塔一座""又有高祖、光武二殿"等语。碑文中的高祖、光武，显为供奉西汉刘邦、东汉刘秀。可见当时即有各类附会说法。

汉高山汉高祖庙与离石东北南云顶山刘渊山巅的刘渊祠庙一样[5]，

同为祭祀南匈奴首领、汉国皇帝刘渊之地。建祠借用山巅之雄伟气势，与天为邻，体现胡人祭天原始崇拜内涵。

离石东汉王庙

"汉王庙在离石废县东八十里。刘元海之庙也。金末庙废。"⑥

《永乐大典》引《元一统志》记载，说明在离石县东八十里的所谓汉王庙，即刘元海庙、刘渊庙。汉王之名，显然与刘渊建国称汉有关。汉王即刘渊。这里也是一座刘渊神庙，在金代末年废弃。

现在已知，在今离石东部的陈家塔和上四皓村都有刘王庙遗址，此两处距离离石市区距离均不足40公里。这座金末废弃的汉王庙或在吴城以东，另有其地。亦可见东川河谷地区刘王崇拜场所十分密集。在相当一段时间内，这里应是南匈奴族群聚居区。

以上，我们在方志、碑刻中发现了一批已经消失的刘王庙、汉高祖庙、汉王庙，其名称或为庙号，或为国号，或用姓氏，均为祭祀南匈奴首领、匈奴汉国皇帝刘渊的祭祀地，可统称为刘渊神庙，涉及汾阳、临县、离石、中阳多地。这些祭祀地均为东汉后期至隋唐时期南匈奴及其后裔稽胡族群活动地区。匈奴汉国完结，南匈奴后裔为主形成的稽胡（山胡）定居于此，刘渊即是民族首领，又是汉国皇帝，在民族信仰中具有重要地位。刘渊为神主的祖先崇拜场所长期延续下来。只是明清以来，后世对南匈奴历史了解渐少，民俗传承中多有错讹。随着地方文史工作的开展，可能还会有不同面目的刘渊神庙被再次发现。

注释

① 王靖昌：《汾阳县金石类编》卷5上，三晋出版社，2018年版，影印本，第637页。
② 刘瑞祥：《汾州沧桑》卷2，北岳文艺出版社，1988年版，第883页。
③ 《永乐大典》卷5203引《太原志》，中华书局，1986年版，影印本，第6页。
《永乐大典方志辑佚·太原志》，中华书局，2004年版，第227页。
④ 《晋书》卷101《刘元海载记》，中华书局，1974年版，第2652页。
⑤ 参见拙文《刘渊山 英雄的山》。
⑥ 《永乐大典》卷5204引《元一统志》，中华书局，1986年版，影印本，第15页。
《元一统志》卷1，赵万里校辑，中华书局，1966年版，第134页。

祭　祀

龙天即刘王——被误读的晋源南关龙天庙

晋源南关龙天庙，又名刘王祠，在晋源老城南门外，庙旁旧有空王佛寺、观音堂等建筑。现在老城南门和庙门之间复建起三重檐的华丽楼阁——宝华阁。南关龙天庙始建时间无考，正殿梁架上有"大清光绪十九年仲春重建，经理监生崔泰昌，督修举人李禧"墨书题字。

龙天庙正殿刘王殿

殿内新塑像

龙天庙坐南朝北，庙门朝北，有龙天庙匾。台基上的龙天庙南殿为正殿，即刘王殿，面宽三间悬山顶，前设廊。有左右朵殿、东西厢房。殿中塑像新作，主尊龙天神为帝王像，周围臣子像。这是近年当地民众以汉文帝刘恒及其重臣形象所作。西壁存清代壁画，北侧为龙天神出巡图景，南侧绘雷公、电母施法，按从右到左排序，雷公、电母为龙天神属下神众。南壁上绘龙，东壁上为模仿西壁的新作。

主尊刘王何许人也，民间理解各异。清道光《太原县志·帝王》载："汉文帝讳恒……初立为代王，都晋阳……晋人立庙祀之。"此汉文帝说，孤证、晚近，是清后期采录自民间说法。以清人方志溯到西汉初年，没有其他史料证据，难以为凭。还有以为主尊为刘知远，更属臆断。均为对刘王崇拜的疑惑，导致的误解。

| 祭　祀 |

旧时太原县城的龙天庙会有三次，在二月二祭龙、七月初五迎龙、九月十五谢龙，融入汉地农业文化内涵。龙天庙会活动现在是山西省级非遗项目。①

农历七月间抬诸神像出游盛会，迎神活动的中心在龙天庙，据说是起自明朝洪武年，止于抗日战争时期，历时500余年。

迎神活动于七月初三下午演习，名为"压铁棍"。七月初四午时，大众齐至龙天庙前，经南城角、小站、小站营、赤桥，至晋祠堡，入北门出南门，然后返回晋祠庙圣母殿，抬圣母出行像出北门，经赤桥、南城角，至县城西关。近黄昏，神舆、铁棍皆通明张灯，从西门至十字街中央，然后出南门，迎送圣母于龙天庙中，安神礼毕散。次日初五午时，从龙天庙出发进城，穿街过巷至县署领赏，然后往返西门外、北门外。日落时出东门至河神庙，迎请龙王庙十八尊龙王回龙天庙。这是太原县有名的"七月初五抬铁棍"。

七月初七为龙天庙岁祭日。焚香、燃炮、演剧。七月十一为县北古城营村九龙庙庙会正日，前一天全村百姓齐至县城龙天庙，恭迎晋祠圣母偕十八尊龙王回九龙庙。民间传说晋祠圣母与九龙庙中奶奶是姐妹。七月十四，众百姓恭送圣母归晋祠，送十八尊龙王至风峪沟龙王庙。

内容丰富的龙天大庙会，以龙天神为主，地方民众的巡游为线索，串联起晋源地方的所有众神，高高在上的圣母也赫然在列。说明了明清以来，民间信仰和世俗生活的高度交融，庙会活动成为祭祀、商贸、娱乐为一体的大型民间活动，是汉族地区的重要民俗形式。

民间祭龙天的最直接祈求是求雨，但龙天不同于龙王。龙王只负

殿内施雨壁画

责水神事务。为什么从名称看就与众不同的龙天神被晋源人民赋予了如此神威,成为众神之主?

现实是历史的反映,民俗活动中的历史信息被不断解读,虽最初的原意经常发生意想不到的改变,但现实中还是带有历史的影子。

龙天庙是山西晋中、吕梁等地独有的地方神灵崇拜场所。龙天神崇拜是十六国北朝以来,三晋大地胡汉民族大融合的产物。千百年来历史变迁,龙天、可汗、刘王神等互为表里,可汗庙和刘王庙应是龙天庙崇拜的分支或子系统。②

晋源南关龙天庙原称刘王祠,是龙天、刘王信仰本为一体的典型例证。时代久远,对龙天本尊难觅其源的后人误读了信息,才出现清代县志里横空出世的汉文帝刘恒说。

吕梁地区曾有两座汉高祖庙。《永乐大典》中载中阳县暖泉村汉高祖庙即刘渊庙。民国时期，临县汉高山山巅的汉高祖庙被认为是祭祀刘邦之庙，可见明清以来沧桑变迁，导致历史信息的丧失和讹传。[3]

刘王庙的主尊刘渊逐渐不为人知，但后人知主尊为刘氏，于是附会于知名度高的汉朝皇帝，便有了汉高祖、汉文帝之说。

刘王殿壁画为晚近补就，尚存部分为清绘龙王出行图，主要神威即为水神龙王职责。与已知山西各地的刘王庙一样，晋源南关龙天庙即刘王庙，主要实际功能仍为水神降水。其地在晋阳古城旧址近前，正是山西中古时期的政治、文化中心。龙天庙是胡汉融合千年大戏的舞台，龙祠祭祀、主尊刘王（刘渊）、明清以来的龙天庙会，是这一演变过程中不同历史阶段的体现。

在此，龙天即刘王。龙天信仰与刘王信仰合体，龙天崇拜的真相得以还原。

注释

[1] 姚富生：《晋源民间文化》（第五辑），晋阳文化民间研究会，2016年版，第187—190页。

[2] 参见拙文《寻找民族融合的真相——龙天神庙考述》。

[3] 参见拙文《消失在历史中的刘渊神庙》。

龙天即可汗——寻访巩村龙天庙旧址

巩村是汾阳三泉镇的大村。前些年,文物工作者在村西、村南进行考古发掘,发现大量自新石器到汉代人类生活遗址和城墙遗迹。现在研究一般认为,这一遗址应是汉代兹氏县城。

今天的巩村格局十分规整,绝不同于一般小村的窄小街巷,入村可见笔直的东、西、南、北四条大街。过去城有四门,现在还可见北门、

巩村龙天庙倒座戏台

东门，城门附近均有部分墙体保留。北门名天宁门，门洞上旧有楼阁，门洞内还有一横向砖洞。东门名永庆门，上有楼阁尚存。北门西侧还有一方形堡中堡，是明末地方士绅兴建的青龙宅，堡墙包砖基本完整，局部高达10米左右，与城墙高度近似，气势不凡。青龙宅只有东南一门。内部为两层围合砖窑，下有24口窑，上有20口窑。居中有水井，可供日用。外墙上嵌有崇祯十年（1637）兴建石碣。

巩村旧时古寺庙有十多处，现存最明显的是村西南的龙天庙遗址。这是个正方形大院。南边是倒座卷棚戏台，面阔三间，保存基本完好。北面的正殿前些年坍塌，前有月台，估计曾有献殿。

进入正殿废墟，看到北墙底部为薄砖矮墙，上为土坯砖墙，和三泉镇现存多座元代建筑的墙体基本类似。

巩村龙天庙遗址

王埔昌《汾阳县金石类编》卷6载巩村龙天庙大殿有元代可汗庙匾，上有题字："大元元统二年七月初七日孝义县赵昌书可汗之庙，刘崇善，弟崇美，男顺祖。竖匾高约三尺，宽二尺，四大字径约七寸。在巩村龙天庙大殿。"①

由此，巩村龙天庙正殿至少元代已有。

接着，王埔昌在按语里说："可汗犹单于。匈奴曰单于，突厥曰可汗，皆谓其国主也……庙神似为贺虏将军，而匾书可汗未解。或祀五胡时之刘王（即晋时刘渊，汾人亦祭祀以祈祷雨，花枝村有庙）乎？……"

这段按语很有见地。虽然王先生对北方民族融合未有当下的认识，但自单于到可汗崇拜的变化，确是随着匈奴、鲜卑、突厥等民族融合趋势演变的社会现象。

王先生推测可汗神主可能是刘渊。只是未能理解可汗崇拜的泛化。至于神似贺虏将军，属于明清以来民间世俗化神明塑像的同质化，不足为疑。贺虏即贺鲁，为汾河中游另一地方神明，他文再述。花枝村刘王庙虽不存，有元代碑文收于方志。此可汗神主虽不能简单等同于刘渊，但龙天、可汗崇拜与南匈奴祖先崇拜之间应有继承关系。②

今汾阳地区为汉兹氏县旧地，魏晋时长期是南匈奴五部中势力最强的左部驻地。刘豹、刘渊父子曾担任左部帅职位多年。刘渊积蓄力量，后建立匈奴汉国，开启了十六国的序幕。

龙天庙是吕梁、汾河流域的独特地方崇拜场所。作为左部驻地，汾阳与南匈奴关系密切。十六国北朝时期，汾阳地区是各民族杂居、融合之地。

隋末，有南匈奴后裔稽胡刘姓首领使用可汗名号，至唐代，可汗号已为胡汉社会普遍接受。唐太宗即欣然接受了北方民族推举的"天可汗"尊号。

巩村龙天庙在元代称可汗庙，挂可汗庙匾，此龙天庙主尊即可汗。"可汗之庙"匾为刘氏族人所立，具有强烈的象征意义。

民间习俗的传承具有巨大生命力。巩村居民81岁的退休教师张守范说，他少年时，龙天庙正殿里有可汗神像。③可见，巩村龙天庙可汗崇拜至少自元一直延续到近现代。

鉴于胡人后裔讳言其民族来历，大多龙天庙未保存下早期记载。清代才有地方文人以贾浑事附会龙天神主，并无确实证据。巩村龙天庙元代可汗庙匾额确证其本尊为可汗，源自匈奴以来的北方胡人祭天祭祖活动。刘渊建国重大历史事件，被后裔祭奠传扬，为自然之事。南匈奴—稽胡族群在北朝后期接受鲜卑文化，祭祖名号亦自单于转为可汗。此地龙天庙主殿本为可汗主尊，可见龙天神原型为可汗。

龙天庙是自北朝隋唐以来，融合胡汉崇拜于一身的庞杂地方崇拜系统，可汗庙、刘王庙为其分支或子系统。某种意义上，龙天之名更便于安全隐晦地传承胡人后裔的祖先崇拜。可汗、刘王这些比较敏感词汇则逐渐退后、淡化、消失。巩村龙天庙位于历史上的南匈奴左部驻地，其建筑遗址、可汗庙匾、可汗神像等历史信息正是龙天信仰演进的实物证据。

注释

① 王埔昌：《汾阳县金石类编》卷6，三晋出版社，2018年版，第840页。
② 太原晋源区南关龙天庙主殿为刘王殿，是龙天主尊为刘王的明证。正合王埔昌先

生当年的推测。参见拙文《龙天即刘王：被误读的晋源南关龙天庙》。

③ 据 2018 年 11 月 12 日薛利鹏先生采访记录。

LIUCHUAN 流 传

南匈奴文化以地名、民俗等形式，长期流传下来，成为地方文化的独特风景，其中有天池、岢岚山的辽阔雄伟，亦有曜头村皇姑墓的民间传说，扑朔迷离的匈奴堡过往，耐人寻味的民俗活动，这些都是民族融合史的珍贵文化遗存，成为今天回望历史、抚今追昔的难得视角。

宁武天池怀古

这里是宁武天池，华北唯一的高山内流湖群。

山之巅有天池，天然草场是天堂。无数英雄豪杰谱写民族融合的故事，大开大合，方显北方风范。

寻觅于汾阳宫遗迹，俯瞰天池美景。冬季泼水节的故事还在回响，期盼水草丰美的完美世界，这里是高山上的人间天堂。

宁武天池湖群之公海

| 流 传 |

高山天池任驰骋

宁武地形，典型的两山夹一川，汾河自芦芽山源头南流，桑干河支流恢河北流，两河之间有一条东西向的小丘分隔，地名分水岭，这两条河谷实际上连为一体，构成了一条长达百公里的南北峡谷地带。这条峡谷的历史价值，仅次于通过雁门关的那条晋北大道。

峡谷的东侧高山上，距离河谷的落差都在 200—300 米，山巅海拔为 2000 米上下。由于特殊的地理构造，这片面积不大的山上出现了山西境内唯一的高山湖泊群——宁武天池湖群。地理学将这类没有出水口的湖称为内流湖，这个区域是内流区。往往这类湖区在草原和高原地带多见，如内蒙古草原、青藏高原。在山西境内的黄土高原上仅此一处，在华北的高山地区也是唯一的。保护好这一自然景观对人文地理和区域环境均有重大意义。

因为有了天造地设的高山湖泊，湖边草原成为牧人马场。从战国时期的楼烦以后，这里一直是游牧民族的天堂。秦汉时期为郡县，魏晋北朝时，仍然是进入内地的游牧人的世界。唐代天池一带有政府的牧马监，是官方马场。

天池湖群，包括天池、元池、琵琶海、鸭子海、干海、老师傅海等多个高山湖，其中天池最大，也称马营海。天池面积 1 平方公里，水深 10 米。仅次于天池的是元池，面积 0.7 平方公里，水深 15 米。前几年湖泊水面逐渐缩小，一些小湖已经干涸。

不过最近几年，山西境内普遍雨水增加。在天池范围内行驶，不

宁武天池湖群之马营海，北侧即海瀛寺

时在低洼地带遇到小的水池。再加上人工水利项目暖泉沟蓄水面积增加，天池地区的水资源逐渐恢复。这对高山天池湖泊群保护来说，是非常难得的机遇。

天池北侧，有原址上复建的海瀛寺。遍寻内外，已无可辨之早期遗迹。但这个高坡上的寺院位置，是俯瞰天池的绝佳之地。古人在这里进行营造、祈福、宴饮是自然的事。

祁连池边马蹄声

天池，古称祁连池，来自匈奴语。

翻检史书，《水经注》卷13《漯水注》里有关宁武天池的记载最早且较为完善：

> 耆老云：其水潜通，承太原汾阳县北燕京山之大池，池在山原之上，世谓之天池，方里余，澄渟镜净，潭而不流，若安定朝那之湫渊也。清水流潭，皎焉冲照，池中尝无斥草。及其风箨有沦，辄有小鸟翠色，投渊衔出，若会稽之耘鸟也。其水阳熯不耗，阴霖不滥，无能测其渊深也。古老相传，言尝有人乘车于池侧，忽过大风，飘之于水，有人获其轮于桑干泉，故知二水潜流通注矣。池东隔阜，又有一石池，方可五六十步，清深镜洁，不异大池。

所谓天池是高山湖群中最大的一个，即今马营海。因为高山湖泊的显赫和幽远，古人早有天池水潜流的传说。《水经注》里把这个故事演绎得颇为生动。后来这个故事里还增加了孝文帝的内容，显得愈发神奇了。

魏晋以来南匈奴等民族内迁晋北，随后在天池附近留下记载的有南匈奴贵族、著名的北魏孝文帝、北魏晚期的尔朱家族、建立东魏和北齐政权的高欢家族。使天池的历史达到辉煌的是隋炀帝杨广。

南匈奴贵族

《晋书》卷103《刘曜载记》记载，魏晋时南匈奴贵族子弟刘曜在管涔山中隐居，"尝夜闲居，有二童子入跪曰：'管涔王使小臣奉谒赵皇帝，献剑一口。'置前再拜而去。以烛视之，剑长二尺，光泽非常，赤玉为室，背上有铭曰'神剑御，除众毒'，曜遂服之。剑随四时而变为五色"。

刘曜是刘渊族子，追随刘渊居功至伟。后刘曜建前赵国。此事虽是神话，但刘曜早年曾在管涔山隐居，南匈奴人在此游猎放牧，才是神剑背后的实情。

北魏孝文帝

《元和郡县图志》卷14《河东道三》岚州静乐县条载："天池，在县北燕京山上。周回八里，阳旱不耗。阴霖不溢。故老言，尝有人乘车，风飘堕池。有人获车轮于桑干泉。后魏孝文帝以金珠穿鱼七头放此池，后亦于桑干泉得之。隋炀帝尝于池南置宫，每夜风雨吹破，宫竟不得成。今池侧有祠，谓之天池祠。"

《水经注》里那个天池水潜流的传说，在《元和郡县图志》中被附会到了孝文帝身上。这条记载显示孝文帝曾到访天池。天池边有祠。今天海瀛寺位置在天池观景最佳之地。其前世或即天池祠。限于史料，天池祠内的祭祀神主还待考。

尔朱家族

北魏后期尔朱家族兴起于管涔山地区。发迹之前，尔朱荣陪父亲尔朱新兴曾在天池中泛舟。《魏书》卷74《尔朱荣传》载："秀容界有池三所，在高山之上，清深不测，相传曰祁连池。魏言天池也。父新兴，曾于荣游池上。忽闻箫鼓之音。新兴谓荣曰：'古老相传，凡闻此声，皆至公辅。吾今年已衰暮，当为汝耳。汝其勉之。'"

可见尔朱家族势力范围包括天池，马背上的尔朱氏父子在池上泛舟，"相传曰祁连池。魏言天池也"。祁连为匈奴语，天之意。天池来自匈奴语祁连池，亦说明其名来自南匈奴。到北朝后期，天池已是晋西北一处风景名胜。

高欢家族—北齐皇室

《北齐书》卷42《阳休之传》载:"(天平)四年,高祖幸汾阳之天池,于池边得一石。上有隐起,其文曰'六王三川'。高祖独帐中问之,此文字何义。对曰:'六者是大王之字,王者当王有天下。此乃大王符瑞受命之征。既于天池得此石,可谓天意命王也,吉不可言。'"

这是有关高欢的传说,无非是要显示高欢自有天命的高贵身份。可注意其中提及"既于天池得此石,可谓天意命王也,吉不可言",此事和天意连接起来,估计多与在天池举行祭天活动有关。

高欢在天池边得祥瑞。北齐皇帝后来多次亲临,颇见于正史。

如高欢之子高洋建立北齐,多次北讨突厥,于天保六年(555)、九年(558)两次来到天池。《北齐书》卷4《文宣帝纪》载:"(天保六年六月)亲讨茹茹,甲戌,诸军大会于祁连池。""(天保九年六月)亲自晋阳北巡,己巳至祁连池。"

如后主武平七年(576)在天池举行大型冬季狩猎活动。《北史》卷8《齐本纪下》载:"冬十月丙辰,帝大狩于祁连池。"当时北周军已逼近平阳,后主还和宠妃冯淑妃打猎,兴致高扬。权臣高阿那肱按住重大敌情不及时报告。后主看到延迟上达的战报后要南下救援,淑妃却要"更杀一围",于是尽兴才发兵。这就是李商隐的名作"晋阳已陷休回顾,更请君王猎一围"的出处。

由《尔朱荣传》可知,天池名祁连池。《北齐书》本纪中也作祁连池,或为当时较正式写法。祁连为匈奴语,即汉语天之意,目前还在使用的祁连名,如著名的祁连山。祁连池的名字来自匈奴语。祁连池的来历,

天池地区的汾阳宫遗址

汾阳宫遗址残墙体

| 流 传 |

地面可见建筑残瓦件

应与内迁南匈奴定居吕梁山相关。刘曜得管涔宝剑的传说,即是南匈奴在管涔山的生活痕迹。

祁连池,汉语称天池,一直沿用至今。《元和郡县图志》记载的天池祠应具有重要地位,对北方少数民族或许具有某种神秘的特殊意义。

千载汾阳宫之谜

由于宁武天池独特的地理环境,湖畔草场丰美,与北方草原风光别无二致。对这个场景,来自草原的内迁民族是熟悉和向往的。因此,在天池附近出现祭天、祈祷等活动逐渐成为一种风俗。由此出现了一些神秘事件，如箫鼓之音的寓意，图谶之术的出现。在天池旁边出现天池祠这一祭祀场所也是顺理成章。颇疑此祠早在南匈奴游牧时既有雏形。围绕天池祭祀也会有相对固定的仪轨，供显贵们使用。尔朱荣、孝文帝、高欢父子均曾亲历。

隋炀帝建立汾阳宫是天池附近最后一次大规模建设。过去一般认为汾阳宫建设在大业四年（608）八月。

《隋书》卷3《炀帝纪上》载："（大业四年）夏四月丙午以离石之汾源、临泉，雁门之秀容为楼烦郡。起汾阳宫。"《资治通鉴》卷181载："夏四月，诏于汾州之北汾水之源，营汾阳宫。"现有史料显示大业二年（606）、三年（607）已有汾阳宫。汾阳宫可能建于大业二年（606）。① 汾阳宫是一个行宫体系，在不同处所先后建设行宫的可能性是正常的，有观点认为隋炀帝的汾阳宫行宫体系庞大，在汾河源头、马营海、宁化城等处都有兴建。汾河源头有雷鸣寺，为近年复建。更多确切信息还需考古工作证明。

四年说或许是汾阳宫工程总结性的记录，记录年代或比实际运作有所延迟。

有观点认为，隋炀帝汾阳宫是在北齐行宫的基础上所建。考虑到北齐帝王多次亲临的记载，这个推理也有可能。

陕西西安于1957年出土《李静训墓志》。墓志文内明确记录此九岁去世的李氏幼女之外祖母为隋文帝之女，即周宣帝皇后杨丽华。李静训去世于大业四年（608）六月初一，终于汾源之宫。此汾源之宫，可能即汾阳宫。墓志中云汾源，则行宫在汾源之地。似不能确指为天池南侧之汾阳宫遗址。②

隋炀帝多次到访天池，随从队伍颇为壮观。隋代著名文人薛道衡有诗《从驾天池应诏》："上圣家寰宇（宇原误为字），威略振边陲。八维穷眺览，千里曳旌旗。驾鼋临碧海，控骥践瑶池。曲浦腾烟雾，深浪骇鲸螭。"[3]

高山上，天池之侧的汾阳宫遗址十分明显。只有越野车可以胜任在高山上的道路情况。开到没路的地方，下车步行。前方低矮墙体就是曾经辉煌一时，又很快归于宁静的汾阳宫墙遗址。

高山上的平缓台地，盛夏时节杂花生树，草丛没过脚踝。我们在草丛中看到多道墙基，四面围合范围约为正方形。其中外侧墙体遗迹高约半米左右，宽约1—2米，长度约200米。附近遍布砖瓦残片。显然，这是宫墙，而非城墙。在内墙范围中灌木丛茂密处似乎还有建筑基础。墙体均为就地取材的砂石薄砖砌就。其中夹杂着大型瓦当、绳纹砖的残片，间或有石栏杆、柱头残件。目前的这处遗址规模，并不是很大。

隋炀帝修建汾阳宫，旧时多被误会为简单的穷奢极欲。但结合史料，可知还有一个重要原因是处理和北方突厥政权的往来关系。当然，也有隋室继承前代天池祭祀崇拜的意义。

《资治通鉴》卷182载：大业十一年（615）夏四月，"幸汾阳宫避暑。宫城迫隘，百官士卒布散山谷间，结草为营而居之"。

《通鉴考异》载：大业十一年（615）七月隋炀帝"幸雁门，先至天池。值雨，山谷泥深二尺，从官狼狈，帐幕多不至，一夜并露坐雨中，至晓多死"。这次出巡狼狈可能因超过了汾阳宫的接待能力。从"帐幕多不至"可看出，当时大多从官是居于帐篷营地，只有皇帝和亲近人士居住在行宫房屋之内。

出巡天池后，隋炀帝紧接着被突厥围困于雁门郡（今代县），是隋急剧衰落的标志事件。

汾阳宫兴盛不出十年。大业十三年（617）刘武周马邑起兵后，取汾阳宫，将宫女作为礼物送给突厥，换取突厥支持。大约此时，汾阳宫已经被毁。此后未有皇家巡视之事。《资治通鉴》卷185载：唐武德元年（618）七月庚申，"诏隋氏离宫游幸之所并废之"。估计到唐初汾阳宫被彻底废弃。

唐代重视马政，在西北地区多有马场设置。安史之乱后，西北多战事，在山西境内开始设置官马场。

据《新唐书》卷50《兵志》记载，岚州（治今岚县岚城镇）曾置楼烦、玄池、天池三个牧马监。

《旧唐书》卷39《地理志》载："宪州下，旧楼烦监牧也。先隶陇右节度使，至德后，属内飞龙使。旧楼烦监牧，岚州刺史兼领。贞元十五年，杨钵为监牧使，遂专领监司，不系州司。龙纪元年，特置宪州于楼烦监，仍置楼烦县。郡城，开元四年王毛仲筑。州新置，未记户口帐籍。楼烦：龙纪元年，于监西一里置。玄池：州东六十里置。天池：州西南五十里置。本置于孔河馆，乾元后移于安明谷口道人堡下。"

宁武天池一带为唐代后期官方马场，其行政管辖地在今天娄烦县境内。宁武天池又名马营海应即与此有关。

| 流 传

宋辽划界　天池是重点

唐末五代，晋北是沙陀的势力范围。北宋初年，北宋灭北汉，继续进兵燕云十六州。但北伐失利，杨业在陈家谷被俘后死，其地就在今宁武阳方口。

此后，北宋和辽对峙时，宁武分水岭成为南北政权边界。今天的分水岭民间称横岭。因峡谷两侧山脉均为南北走向，峡谷中的这处小山岭为东西走向，而有此称。确定横岭的位置，曾是宋辽熙宁划界时的一个关节要点。《续资治通鉴长编》卷283载：熙宁十年（1077）七月乙丑，"河东分画地界所燕复等检踏天池西南无横岭地名。后再检视，有故寨岭亦名横岭。诏复等所得减年磨勘内各除一年。密记七月十七日事，六月二十四日可考"。但此"发现"之横岭似非是早期边界上的横岭。

天池地区长期是宋辽交界处的军事禁区。天池庙得到双方重视，是争夺的要点。

天池之地在北宋初年，应在北宋控制区。但辽人却保持着天池祭祀信仰。

《续资治通鉴长编》卷87载：大中祥符九年（1016）五月甲辰，"令宁化军葺天池神堂。北界岁遣史一祀。至是颓圮，北界请加缮治故也"。

《续资治通鉴长编》卷371载：元祐元年（1086）三月戊辰，苏辙弹劾划界时朝廷重臣韩缜的奏章，"天池北距萨尔台尚二十五六里，异时敌欲祈福，修天池庙，必牒安抚司而后敢入，以明庙之属汉也。

今亦为敌有。高政者，土豪也。有威名于北方，蕃汉目之为高天王。而天池庙神亦曰高天王庙。方割属敌时，政抚膺大恸，谓其徒曰'我兄嫂今日陷蕃'"。

《元和郡县图志》中提到天池边的天池祠，上两条宋代史料中的天池庙应是其后继者。尽管在禁区，辽国人依然保持每年一次的祭祀祈祷活动，还要求北宋方面给予修缮。可见天池庙在辽人心目中的地位。辽人推进修缮，暗示北宋方面对天池庙并不热心。天池庙的神主和祭祀应是北方少数民族尊崇和热衷的活动。

值得注意是，上引元祐元年（1086）史料说明北宋时天池庙主神为高天王。结合前文，高欢在天池得刻有祥瑞的奇石，北齐文宣帝高洋、后主高纬都在天池巡幸。天池在高氏家族中应有举足轻重的象征意义。天池庙主尊为高天王，有曾尊高欢为神主的可能。④

天池既是高欢得祥瑞之地，天池祠为高欢祈福也属自然。只是后世年代久远，已不知高天王何人也。而所谓土豪高政被目为高天王，显是借故托大。但其得到边界蕃汉人士的普遍认可，也说明宋辽边地的人员往来密切。

熙宁十年（1077）划界后，天池地区作为边界线上的北宋方面控制的军事禁区或者说缓冲地带，被划入辽境。⑤北宋文人沈括，其著作《梦溪笔谈》记载了毕昇发明活字印刷术。在宋辽边界会谈中，沈括曾从官方文书中找到多条证据，力证天池地为宋属。但最终天池还是归辽。这次划界半个世纪后，辽和北宋均归于金，熙宁边界线不复存在。此后金、元、明、清历代，天池区域均为内地。

| 流 传 |

泼寒胡戏的活化石

繁华过后为荒草,几多沧桑付评说。世间多少事,往来笑谈中。夕阳下,汾阳宫废墟,北边的天池水面上有摩托艇划过,南边的琵琶海,边上是高山小村马营村。

据说马营村前些年还有冬季泼水节的民俗活动,可惜近年来已经中断。

冬季泼水节的习俗,极其类似唐代盛行一时的泼寒胡戏。活动时间是冬严寒时期的正月。每年的泼水节据说有两次:一次在正月,初十为正日子。一次在夏季五月二十四到二十八,二十七为正日子。正月以送瘟神为主题,五月以祈雨灭蝗为主题,都有众多仪轨,是民俗社火活动的集大成者,期间会迎请各界神仙,进行各类民俗表演等。当然冬季的泼水节更为火爆些。无独有偶,在不远的繁峙县前所村也有冬季正月时的泼水节习俗。

泼寒胡戏,也叫乞寒胡戏,一般研究者认为源自中亚,北朝后期到唐中期在内地胡人社会中流行,是一种带有社火性质的胡人狂欢节。腊月期间表演者和观众之间泼水为其一大特征,也即泼寒之名的来历。活动期间,各类胡乐演奏、杂技表演繁多,胡汉民众围观,皇室成员也多有参与。武则天时期到玄宗初年时,泼寒胡戏一度盛行。

当时也有反对泼寒胡戏的声音。如神龙二年(706)并州清源县尉吕元泰反对泼寒胡戏,《册府元龟》卷532记载了吕县尉的上疏:"比见坊邑相率为浑脱队,骏马胡服,名曰'苏莫遮'。旗鼓相当,军阵势也;腾逐喧噪,战争象也;锦绣夸竞,害女工也;督敛贫弱,伤政体也,胡服相欢，非雅乐也；浑脱为号，非美名也。安可以礼义之朝，法胡虏之俗？《诗》云：'京邑翼翼，四方是则。'非先王之礼乐而示则于四方，臣所未谕。《书》曰：'谋，时寒若。'何必贏形体，灌衢路，鼓舞跳跃而索寒焉？"

唐玄宗开元元年（713），大臣张说上疏建议废止泼寒胡戏，得到玄宗认可，并正式下诏书禁断。于是泼寒胡戏因不合内地风俗而被禁止。有人分析以为是玄宗上台后为稳定政权而做的决定。但尚未有更多资料支持此结论。此后这曾十分热闹的胡人习俗确实不再见于史册。

虽然官方层面禁止了这一胡戏，但由于其来自民间，在社会上的影响不可能一断了之。其后续演变必然和汉地民俗活动融合，以不同形式流传后世。

吕元泰任职唐代的清源，即今清徐县一部。上疏中细节描述清楚，观察也很仔细，反映的是当时晋中地区胡人泼寒胡戏情况。山西是中古时期胡汉民族融合的核心区之一，在各地胡人后裔中泼寒胡戏的长期存在是完全可能的。

魏晋以来，宁武天池长期是游牧人的活动范围，唐代有官方牧马场。这里的牧马人自然以胡人后裔为主。宁武马营村和繁峙前所村的泼水节时间为正月，比泼寒胡戏的腊月稍晚些，内容更富有地方色彩，多少有些历史的影子，如马营村的惩治贪腐的牧监、送瘟神活动等。互相泼水祛灾祈福的宗旨尚存，与史籍中的泼寒胡戏是相同的。1200年来，这些地方的民众能保存下泼寒胡戏的核心形式——冬季泼水，并且将时间推后到正月，与汉族地区的春节社火活动结合起来，是将胡汉文化融合于一体的杰作。

| 流 传 |

宁武天池湖群之干海

晋北的冬季泼水节民俗活动，与隋唐时期的泼寒胡戏之间，应有继承关系。泼寒胡戏的孑遗在这高山之巅竟流传绵延至今，堪称是民族融合史、汉民族发展史的活化石。

在天池湖群地区，随处可见清澈的水池、小溪，这本是北方民族的天然高山牧场。就海拔高度和自然环境看，堪比天山巴音布鲁克草原。现在这里没有牧人和牧群，奇特的冬季泼水节习俗也中断了。高原上显得空阔寂寥，只有远山上的发电风车在徐徐转动。

天池一带旷古高远，寂静安逸，抚今追昔，再无万马奔腾的宏大场景，也没有了汾阳宫等离宫别苑，一切回归淳朴自然。

自南匈奴定居吕梁山开始，南匈奴贵族刘曜、一代英主魏孝文帝、尔朱家族、高欢家族三代、隋炀帝，十六国、北朝到隋代的显赫人物，均都曾在天池留下历史足迹。脚下的汾阳宫残迹在提醒我们，这里确曾拥有过璀璨夺目的繁华，确有过无数英雄豪杰在天池边抒发宏图伟业的志向。

天池浑然天成，希望天赐的高山平湖盛景日渐充盈，迎接新的明天。汾阳宫已经远去，天池美景的未来还需时代新篇。

注释

① 罗新、叶炜：《新出魏晋南北朝墓志疏证》，中华书局，2005年版，第547—549页。

② 中国社会科学院考古研究所：《唐长安城郊隋唐墓》，文物出版社，1980年版，第25—28页。

③ 逯钦立辑校：《先秦汉魏晋南北朝诗·隋诗》，中华书局，1983年版，第2685页。参见《初学记》卷13、《文苑英华》卷170。

④ 《三晋石刻大全·临汾市尧都区卷》，三晋出版社，2011年版，第6页：临汾尧都区尧庙博物馆藏有残造像碑，题记："武平二年岁次辛卯，九月丙午朔十五日，神武皇帝寺主道渊……"可见北齐时高欢起家地之一的晋州（今临汾）有为高欢祈福的皇家寺院。在高欢人生中有纪念意义的地方建立的祭祀祈福地，可能有多处。

⑤ 彭山杉：《风陲之守：宋辽河东熙宁划界诸层面》，复旦大学2012年硕士研究生毕业论文。

| 流 传 |

岚县　胡汉融合双城记

吕梁山北部有一处最为开阔、水草丰美的河谷地带,这就是今天的岚县所在。魏晋北朝时,这里是匈奴后裔为主的胡人世界,先是南匈奴核心五部,后有尔朱家族兴起。大批胡人在这里定居,逐渐过上了农牧兼作的生活。

岚县秀容古城南城墙遗址

岚县之名给人的感觉很是风雅。一说岚县出自岢岚，岢岚即贺兰的一个音转。那么，岚字其实也是来自匈奴语。贺兰或岢岚是匈奴人对某类山川外形的称谓。如今岚县境内最有历史感的是两座古城址：秀容古城和隋城宋城，它们正是历史上岚县两座县城所在地。

第一县城　秀容古城

秀容之名，据说来自南匈奴首领、建立匈奴汉国的刘渊。刘渊，字元海，其家族身世之谜，历史上延续至今的争论从未停止过。唐《元和郡县图志》卷14《河东道》岚州宜芳县条载："秀容故城在县（岚县）南三十里。刘元海感神而生，姿容秀美，因以为名也。"

刘渊家族的帅哥形象在《晋书》的"载记"部分多有提及，其中不免有御用文人夸大其词的成分。但匈奴人有彪悍威猛的固有形象，再加上受汉文化影响，才有了这些美誉。《元和郡县图志》的说法晚出，带有望文生义的意味。

或许反过来看，这个说法更接近历史事实：南匈奴刘渊家族曾在此地活动。与岢岚类似，秀容一词也是匈奴语的音译或者音转。更有人以为秀容即匈奴一词的一种音转。唐中期，后裔不知背景，只知这个名字与刘渊有关，加之历来对家族容貌的溢美记载，遂被文人翻译为美誉度很高的一个词。

现在很难按照1500年前的语音比对秀容和其他胡语的关系。这种附会式的解释在汉人文献中是非常常见的范式。

秀容古城在今天县城南边的岚河南岸。由于近年来城市发展，几乎紧邻城区。

我和建荣、文保员刘先生从东城墙遗址走向南面，这一带夯土立面还可看清。墙体内外都是庄稼地。古城遗址周围的几个村分别是南村、西村、东村、古城村，是建在古城各个方向上的村落。

古城轮廓基本为正方形，城墙周长9里多，大多地段残高5—7米。只是在西墙部分略向外侧凸出了一个部分，其他三面比较平直。之前对城址的勘察工作发现古城有大小墙、外内墙、马面、城堡、城门、马道、护城壕等设置。

城墙分内外墙，南城墙长1250米，外侧有8个敌台。北墙长1430米，北侧是岚河。东城墙约1000米，有东城门一处。西墙总长1180米，墙南端有堡，北端墙上靠近城门200米处有大型城堡，西北角的设计和御敌密不可分。内墙可行车马环城，是城防中安全快速的补给通道，很巧妙的内部防御支持体系。

现在古城北城墙的西北和东北段被泛滥的河水冲刷已不存，其他地段基本还在。南城门和东城门处还可大体看出。古城内外是农田耕地，马面等处不明显。古城内曾出土古代绳纹板瓦、筒瓦、各种罐类容器、陶豆、夹砂陶鼎的碎片，无孔石斧，犁、铲、锤、斧、锄、马蹄刺（铁蒺藜）、油灯等铁器，贝币、离石币、刀币、布币、半两、五铢等古钱。很多遗物有明显的战国—汉代时代特征。

北魏王朝镇压秀容胡反抗，将其部分迁徙至此，设置秀容护军进行监管，秀容城的建立应与此有关。秀容胡即稽胡（山胡），其主体来源或精神核心是建立匈奴汉国的南匈奴五部。汉国灭亡，首举大旗的精神力量长期激励胡人后裔。秀容胡是当时的主体居民，这里被称为秀容古城就是明证。

古城内发现了很多战国—汉代的各类遗物。与方山左国城、临县乌突戍遗址情况类似，体现了东汉后期到北朝后期几百年间，定居居民的变化过程。隋唐时居民已是新的汉人，与两汉时的汉人不可同日而语。

秀容古城的地理位置在河岸南边，常受到河流泛滥影响。隋初，州城和县城或因水患，搬迁到北部的岚城镇，古城逐渐衰败。

岚县民间还流传着尔朱家族在这里称霸一方的遗迹和传说：县城东北角上坡头村北崖头上的古寺龙天寺是尔朱荣家庙。梁北皇姑梁西端的大土丘是古墓皇姑陵，是尔朱荣之妻或女的墓地。现在，龙天寺

隋城西城墙遗址

新建，已看不到古迹遗存。龙天寺和晋中、吕梁地区普遍存在的龙天庙可能有关。皇姑墓没有文献资料依据，但这里皇姑墓的传说和临县曜头村皇姑墓非常类似，应该是尔朱家族故事在民间的某些投影。民间传说不是历史，但是是历史的曲折反映，从民俗学、民族学角度进行研究，对复原历史会有新的维度。

秀容地名，在正史里最初有南北两个。现在学界一般认为南秀容即现在的岚县秀容古城。后赵和北魏在岚县设置秀容护军，后改为秀容郡。北秀容是尔朱家族的最初游牧地，可能在岢岚以北。尔朱荣曾在宁武天池泛舟，或北秀容范围包括岢岚、宁武等地。

第二县城　隋城宋城

岚城镇岚城村在岚县城北15公里左右，是个很大的村，有东、西、南、北四关的名字留下来。这里是隋代以后直到民国的岚县县城所在，延续时间达1200年之久，可称岚县的第二县城。古城附近没有岚河一样的水流，地势较高，相对安全。

隋城是建在高岗上的古城址，坐北朝南、西高东低，东西长800米，南北长1000米，城外有护城壕。保存较好的西城墙宽6—12米，残高2—10米。夯层厚6厘米，夯土为黄色沙性土和黏土。城内遗物丰富，灰坑较多，所含遗物有绳纹及素面陶片，陶器有瓦、盆、罐等。

从村中绕到东侧，看到隋城遗址的省保碑。附近的夯土墙高达10米。局部还能看到包砖的痕迹，是明代所为。村内随处可见巨大的城砖。转到遗址西面，穿过外侧的护城沟，来到二层台地上的城墙脚下。

这里残存一段包砖墙体，目测这段城墙可能是后来修补，立面和白灰层都很不规则。从这里再爬升到高处，看到西墙和北墙基本连在一起，外侧突出墙体的马面设置还比较明显。南侧紧邻村子，历代取土开辟居住场地，出现了10米以上的断崖，包括南墙在内的隋城遗址的南半部已难觅旧貌。

清雍正八年（1730）《岚县志》载，岚城镇隋城始建于隋大业十年（614），唐武德四年（621）改为州城，经唐、五代、北宋延续460余年。北宋元丰二年（1079）时，旧城南筑新城，即今岚城镇。建成后隋城废。宋城一直延续至今。遗憾的是，在这个大村内除一座看不清文字的清代石碑、个别柱础石构件外，就是散布各处的古城砖。百年沧桑后，古迹难寻。

傍晚，我回到如今的县城。好像是绕了个千年大圈，第三县城又回到了岚河畔。人们吸取了历史教训，新县城的位置建在了河道北侧的高处。

岚县两座古城，是几千年来吕梁山先民开辟之地，是民族大融合的见证。抚今追昔，天上云间，岚州大地上，土豆花盛开。历史不会简单重复。夜色中，我在岚县城里漫步，秀容街、宜芳街，这些地名让思绪又回到那个时代。这里海拔较高，走不多久，已经感到初秋的凉意。

岢岚山水漫录

岢岚，一个十分风雅的名字。

岢岚城的南门和东门尚存瓮城。夜晚，来到灯火通明的鼓楼下。海拔 1700 米的县城里，羊肉一条街上柏子羊肉飘香。大快朵颐之后，在小城里溜达，置身一座平静如水的黄土高原小城。清晨，城周群山逶迤，满目森林，城内街巷整洁有序，为一方净土。

民族融合余韵

岢岚这个地名在历史上始于北魏末年。《魏书》卷 62《尔朱兆传》记载，当时高欢击败尔朱兆的弟弟尔朱智虎于岢岚南山。此后岢岚为州县名字一直延续下来。有学者以为岢岚、贺兰、可蓝为同一胡语的不同音译。贺兰确为匈奴语，本指杂色的马，贺兰山则是远观如杂色马颜色的山体。

自唐《元和郡县图志》后的历代地理志书里都大体记载，岢岚山在岢岚镇附近，西北和雪山连接。

这一地区即为现在的管涔山脉，主峰荷叶坪、芦芽山、万年冰洞等地已经成为近年来小有名气的自然旅游景观。既然有雪山之说，中古时期管涔山高峰处应有常年积雪的山体。光绪《岢岚州志》卷2《形胜志·山川》载:"雪山在荷叶山北,势极险峻,盛夏犹栖余雪,下有万年冰。"几十年来气候变暖,夏季在管涔山高峰上也难觅残雪了。但让人称奇的"万年冰洞"是否是和志书中所说的雪山、万年冰有关呢?

岢岚之名很可能来自胡语,岢岚所在的吕梁山区在魏晋隋唐时,先有南匈奴五部,后有稽胡,唐末五代胡汉民族融合大体完成。宋辽期间,岢岚、五寨、宁武一带成为南北政权的边界。

在岢岚的深山沟谷里,还到处可见牧马牧羊的景象。据说清中期河南商人知道岢岚深山有鹿,在此生产全鹿丸等中成医药品。清末岢岚的中医药品牌全鹿丸名噪一时。旧时,全鹿丸作坊里有水井池,明进士汪藻所书《井池碑记》载明代知州打井蓄水惠民之事。如今全鹿丸和井池碑都已寻不到了。美景只能在故纸堆里得见,可惜。

放牧牛羊是游牧民族的生产方式,游牧人养鹿的历史也是很早的,这都是民族融合后的文化遗风。

古塔并秀

城内文物留存很少,只东北城边山坡上的北寺塔还算完整。来到山坡下,看到这里已围绕古塔建成一公园。

明中期,有趿空禅师在岢岚募善款修古寺、弘法印经等功德事。据说正统年间,大师圆寂后出舍利子,门人和信士建此塔以为供奉。古寺已不见踪迹,只存古塔一座,六角七层密檐塔,明建清修,二层束腰须弥座，饰花卉砖雕，仿木斗拱，上为两层仰莲瓣。一层最高，朝南开门，其他各面为砖面，中间饰花卉砖雕件。各角仿木柱。其上各层逐渐收分，有仿木斗拱、花卉砖雕，直到塔顶。前几年当地对古塔进行修缮，多处修补采用了青石料，与旧料颜色差异显著。新安装的金属塔刹，不知是否以原有资料为依据。

北寺塔的一奇是其各层密檐六面砖构件均烧制为向内弧形，这种弧形外观在唐塔中有所体现，如山西安泽郎寨塔、五台山法华寺南墓塔等。外观优美，但费工费力，在留存至今的古塔中是罕见的。此塔能取古风也是难得。

蓝天白云，山风徐徐，吹起塔上新风铃作响。

北寺塔下方又立一幢形石塔，红砂石质地，六角五层。须弥座上第一层各面刻铭文。其上各层有密檐、仰莲、幢面，幢面上三面上开小室，应是供奉佛像。三面线刻佛像。最上是相轮、宝珠为塔刹。一层的六面铭文还比较清晰可辨。其中提到弘治年间重修寺院，僧人洪仙贡献颇多。"岢岚州深山墕兜率寺起建，正北有本寺禅院丛林，有芦芽山之境，前虎枕平川之伏，左有兽形归厉之景，右有龙山腾龙之意。山明水秀其乃清口之地。弘治十七年五月初三日建立宝塔。"后记叙僧人开荣募款修塔和施主名单以及附近寺院主持名单等。可见此塔原在深山墕村，后搬迁至此。

北寺塔为大师舍利塔，稳重高挑；深山墕塔为风景塔，亭亭玉立。两相对映，稍留下些古意。

城内毛泽东路居纪念馆和岢岚博物馆是一个院两个牌子。部分晋绥地区革命历史文物在此展出。"岢岚是个好地方。"这句话是毛泽

北寺塔

深山墹塔

东1948年4月4日路过岢岚所说，现在岢岚各种宣传资料里常能看到。革命文物中一题为"我们是一家人"的木匾很显眼，为1943年晋绥根据地八路军120师36团指战员赠给岢岚县政府的。岢岚是晋绥根据地的重要部分。

在偏院里，堆放着几通石碑的残件，虽然不全，但稍读下还是有些地方文史价值，应该妥善安放为宜。

比对方志，其中一方是元代郭元帅墓碑残件。

《岢岚州志》卷11《艺文志上·郭元帅墓表》载："故都元帅郭公，讳周，字彦成……公乃开发廪储，多方赈贷，且部署众卒分汛戍守，无或疏虞……超授本州防御使，赐金牌……复授镇国大将军、镇远节度使，兼岚州管内观察使、河东北路关外六州都元帅，悬带虎头金牌，便宜行事……戊子八月，沐浴冠带，端坐而逝……"又《岢岚州志》卷2《形胜志二》载："元六州都元帅郭周墓在城东四十里黄道川。"可见，此郭周为元时岢岚实力派，对地方治理做出贡献，还监管附近六州军务。

元时的戊子年有二，一为元世祖至元二十五年（1288），一为元顺帝至正八年（1348）。墓表里所载河东北路为金代山西行政区划，蒙古初期沿用，即为太原路。大德九年（1305）因地震，太原路改为冀宁路。由此可知，墓表中的戊子年为元世祖忽必烈年间，即公元1288年，则郭周去世即在此年。

另一残碑应是《岢岚县志》记载的元好问草书碑，但漫漶严重，难以辨识。

| 流 传

长城风云

岢岚境内最著名的古迹是蜿蜒在山川之间的长城。据考证至少有北齐、隋、北宋三个时期曾在此修筑长城。

北齐在山西多次修建长城。其中和岢岚关系最大的应该是高洋时期的几次大规模修建工程。

高洋第一次修长城在天保三年（552），"九月辛卯，帝自并州幸离石，冬十月乙未，至黄栌岭，仍起长城，北至社干戍（《北史》记为社于戍）四百余里，立三十六戍"[①]。

一般以为黄栌岭在今天汾阳和离石交界处，今名依然为黄栌岭，

王家岔段长城墙体保存较好，颇有气势

社干戍地望还不能确定，大体在吕梁管涔山北部。

这次长城工程在文献中记载不多。寿阳出土的《库狄回洛墓志》中载："高祖受禅，以王佐命元勋，启弼王室，除开府仪同三司，别封东燕县开国子、领兼侍中，除使持节、都督建州诸军事、建州刺史，转离石大都督、岢岚领民都督、黑水领民都督。天保之季，改开府三司……"

库狄回洛是东魏北齐时的重要鲜卑将领，历任各地军政长官。其在天保初年担任的离石大都督、岢岚领民都督和黑水领民都督，地点都在吕梁山和管涔山地区，其中离石和岢岚即今名。领民都督是管理六州鲜卑在当地驻军的长官。库狄回洛很可能在离石和岢岚任职期间，带领部下参与了长城修建工程。②

第二次，天保七年（556），"自西河总秦戍筑长城东至海，前后所筑，东西凡三千余里，六十里一戍，其要害置州镇，凡二十五所"③。

第三次，天保八年（557），"于长城内筑重城，库洛拔而东，至于坞纥戍，凡四百余里"④。

天保晚年修建的东西长城，其起点总秦戍难以确认，文物工作者几十年来在保德、兴县一带已经找到多处长城遗迹，和岢岚、五寨、宁武等地北齐长城形制类似，总秦戍应在黄河东岸不远处。天保八年（557）修建的重城四百里，是在先前所建长城基础上，建设了第二道防线，目的有二：一防稽胡骚扰，二防关西政权和北方突厥联手南下。库洛拔、坞纥戍，这是两个明显出自胡语音译的城堡名字。其地望大体在晋北范围，有研究认为库洛拔在偏关清水河交界地带，坞纥戍在灵丘平型关附近。

隋朝虽短，也曾修长城。

光绪《岢岚州志》卷2《形胜志》载："嘉靖间，有地名牛圈洼者，掘其地得石刻，其文云，隋开皇元年，赞皇县丁夫筑。"

2007年在县城西10公里处的大庙沟村，一村民在长城附近耕地时发掘石刻一方，上书："开皇十九年七月一日，栾州元氏县□□□黎□□领丁卅人筑长城廿步一尺……"⑤

可见，隋代在岢岚曾修长城，且不止一次。

宋人修长城的记载鲜见。

《武经总要前集》卷17岢岚军条载："草城川，川口阔一里余，川中有古城。景德中，筑长城，控扼贼路。"岢岚当时在宋辽边界，真宗景德年间在这里局部修葺长城是可能的。

岢岚出土隋开皇十九年(599)长城石刻拓片

以上，我们看到三个时代岢岚修建过长城，总的来看隋和宋的长城都是局部工程，限于时间和范围，很大可能是在北齐基础上继续修葺和加固，并不是再开炉灶新筑。前些年说岢岚发现宋长城，实际上是在北齐基础上加以整修，这么表述更为稳妥些。

岢岚和附近各县境内的北齐长城墙体都是就地取材的片石砌就。这与地处高寒、运输困难的当地情况直接相关。

王家岔　宁静的沟谷

岢岚境内长城比较方便抵达的地段在王家岔。出县城前往东南方的王家岔，在沟口处必过宋家沟。宋家沟村在高速附近，部分是移民搬迁新村。近年村貌改造，焕然一新。旧村大门还在，村边河沟处是重建的戏台。

村北高峰如屏，公路沿一沟谷蜿蜒而入。附近有一地名口子上。光绪《岢岚州志》卷2《形胜志》载："苏孤戍，在州东三十里，北齐所筑。城之东北角没于水，故址止存三面，今名三角村者。"今天，这个地方已经被水冲开一分为二，名东、西口子上。苏孤戍应是北齐修缮长城期间建立的戍所之一。

几年前，王家岔段公路还很差，当地人去县城往往要过水漫地段。如今路况极佳，20分钟从谷口即可到达王家岔村。王家岔是大山环抱中的小山村，因长城而知名。来到村中，北部是一条沟谷，两侧山脊上是两条蜿蜒如巨龙般的石墙，这就是长城。登上靠东一侧，看到长城是就地取材、片石堆砌而成。从墙脚到顶有明显收分。顶部坍塌已难以分辨形制。站在长城上，两人并行是足够的。部分地段坍塌，暴露出内部的片石层面。大多数地段墙体外立面较好，或许经历了北宋时的修缮。

从地形上看，两条山脊上的长城在王家岔拐了个弯。在远方的山梁上，长城绵延而去，消失在远方。这里是否是北齐重城的长城部分呢？还需要更多田野考察和研究。

有长城爱好者从这里沿长城徒步出发，据说要经历一天才能绕回。王家岔村东北，公路串联起几个小山村，村民住宅体现了半农半牧的生产方式。院子正房南面的排房是开敞的牲口棚。

公路尽头最后一个村武家沟在山脚下，沿原始林区边缘爬升可前往管涔山主峰荷叶坪，户外徒步约需4小时。荷叶坪海拔近2800米，山顶上是3万—4万亩高山草甸。夏季的山顶野花遍地，和芦芽山马仑草原类似。

返回路上，经过一处山谷中仅存的老油坊，还保留了木梁榨油的传统方法。不时被公路上的羊群拦住去路，村民在羊群过后认真地打扫崭新的路面，维护卫生。天空蔚蓝，白云朵朵，小河流淌，牛羊满山，一派山间风景，悠然自得。

长城、民居、放牧、森林，我想这是当下岢岚发展文旅业最有潜力的地方。

注释

① 《北齐书》卷4《文宣帝纪》，中华书局，1972年版，第56页。
② 见拙文《库狄回洛——从部落首长到封疆大吏》。

③《北齐书》卷4《文宣帝纪》，中华书局，1972年版，第63页。
④《北齐书》卷4《文宣帝纪》，中华书局，1972年版，第64页。
⑤《岢岚县志》，山西古籍出版社，1999年版，第506页。

| 流 传 |

乌突戍·曜头村·皇姑墓

吕梁山区在十六国北朝历史上是民族融合核心区。虽然早期文物已经罕见,但从遗址、地名、民间文化方面还可一窥端倪。临县湫水河谷一带就有多个例证。

乌突戍古城遗址

府底村是临县历史上很重要的地点。村内有古建善庆寺，大雄宝殿为元代建筑。民国六年（1917）《临县志》卷16《古迹考》引旧志记载，隋开皇三年（583）在北周乌突县基础上在此设置善训府，乌突县源于乌突戍，唐代改太和县。旧志所载必有所本。在唐代文献和出土墓志中多次出现善训府名字。① 可见，善训府是隋唐时期长期存在的一个府兵军府，驻地在县城，善训军府的具体位置可以确定，就在今府底村。村名中的府字也正合军府之义。

民国六年（1917）《临县志》卷14《沿革考》认为乌突戍旧址是今县城北三十五里处湫水河东山上的古城遗址，"东北距赤洪岭三十余里"。乌突之名，应来自胡语。古城遗址涵盖附近多个山岭，是一处控制秋水河谷的制高点。《北齐书》卷20《慕容绍宗传》载："高祖（高欢）从邺讨（尔朱）兆于晋阳，兆窘急，走赤洪岭，自缢而死。绍宗行到乌突城，见高祖追至，随携（尔朱）荣妻子及兆余众自归。"② 赤洪岭即今赤坚岭，乌突城即乌突戍。可见，尔朱兆自杀于方山、岚县交界的赤坚岭。其余众西逃至乌突戍，在慕容绍宗带领下最终投降。据绍宗本传，尔朱荣是慕容绍宗从舅子，则二人是表兄弟关系。

这一带是南匈奴后裔稽胡集聚区。稽胡长期与北魏、北齐政权对抗。直到北周统一北方后，稽胡还曾趁机起事。"宣政元年，稽胡贼刘库历围乌突戍，公（杨文思）共柘王谊破平之。"③ 刘姓为稽胡首领中最常见的姓氏，与南匈奴贵族刘氏关系显而易见。乌突戍一带的湫水河流域长期是稽胡活动地区。这样的民族历史地理背景，为长期以来乌突戍、曜头村故事的出现和流传，提供了最基本的社会基础。

在公路边上有文物部门所立省保单位乌突戍古城遗址标志牌。当地文物爱好者多次在古城遗址内发现战国时期的遗物。这不得不让我们重新认识所谓的乌突戍。北朝时,这座古城很可能在早期城址的基础上继续沿用。采用了一个胡语音译的名字,后人已不知其继承关系。乌突戍遗址的文化内涵绝不仅限于北朝后期。民国六年(1917)《临县志》卷14《沿革考》载:"至今土人耕于其地者,每掘得有铜箭头及名印铜销铁炮等物,亦当年镇戍之证据也。"民国期间如此众多的早期文物出土,更是验证了这一古城遗址连续使用的时间之久。有铁炮出土,使用下限则可以到火器广泛使用于军事的宋金时期。虽然被称为乌突戍古城,但其上下限范围很长。只是乌突戍的名字在历史上更具有时代标志意义,容易被人们记住。

这里是有故事的地方,野史和民间传说都源于历史本身。

湫水河西有一村名曜头。村西侧宋家圪台村边有一皇姑墓。雨中,穿过曜头村,艰难行过一片烂泥路,终于看到了皇姑墓。这里只有初一、十五开门,为村民祭祀提供方便。所谓墓地其实十分简陋。小院中很小的一间红砖窑殿,内供皇姑像。小窑殿后是坟冢。

民国六年(1917)《临县志》卷16《古迹考》载:"皇姑墓在县治北四十里曜头村南。相传为刘曜之妹或云尔朱兆妻。年远无征,未知孰是,至今墓旁采樵者不敢犯。"

当地民间故事比县志的这段记载更为丰满、鲜活:故事把曜头村和皇姑墓联系起来,认为曜头村的名字来自刘曜首级。大体情节是刘曜和妹妹约定互为犄角,一守在河东山上的乌突戍,一守在河西平川。由于刘曜举烽火戏弄其妹,导致对手石勒真来进攻时,其妹没有及时增援,刘曜战败,身首异处。后刘曜妹追赶敌军,抢夺下刘曜首级埋

皇姑墓现状

于此。其妹去世后也安葬此地。这就是曤头村和皇姑墓故事的主体。

墓旁墙上嵌一方1960年石碣,对皇姑墓的来历基本照抄县志内容,申明此为文物,严禁发掘破坏坟冢。看来民间对皇姑墓的敬畏一直保持下来。石碣上题名修缮者为赤普浪村村民。从名字上看,赤普浪汉意无解,应该也是胡语音译。

公元328年,在洛阳战役中刘曜战败被石勒俘虏,后被杀于河北。史书中失载其妹。另有刘曜之女在前赵亡国时也被俘,后为石虎皇后,生子石世,石世被立为太子。石虎死后,刘后母子卷入诸子内斗。后赵大乱，不久灭亡。

刘曜兄妹事属传说演绎，而尔朱氏的最后残余在乌突戍投降却是史实。慕容绍宗带领尔朱兆妻子以下的尔朱残部投降高欢，标志着高欢反尔朱氏斗争的最终胜利。史书中没有记载尔朱兆妻子的结果，但因突发事件在这里死亡的可能性是存在的。

民间故事内涵丰富，把匈奴汉国、尔朱家族的历史背景杂糅一起，出现了不合乎历史真实，却得以在民间流传的艺术效果。艺术来源于生活，也来源于历史。传世文献中无载的刘曜活动被移入故事，尔朱覆灭和尔朱兆妻子的投降，被异化为死亡、安葬。虽没有多少史料价值，但是是历史瞬间的民间投影。对民间故事价值的重新审视，应可促进我们更为全面地认知历史真相。

在看似客观立场的传说中，不难看出对失败者的同情和惋惜，或许曲折地体现了这些历史事件的某些相关者——南匈奴、尔朱家族后裔的情绪。南匈奴的继承者稽胡，延续了匈奴与鲜卑系的历史冲突，长期反抗拓跋鲜卑的北魏及其后继者东魏、北齐政权。胡系在与鲜卑系之间的冲突中，长期受到压制，属于弱势一方。隋唐之际，稽胡首领刘季真称突利可汗，是稽胡接受鲜卑—突厥系文化的标志。随着唐的建立，全国统一，稽胡加速融入社会，成为编户齐民。几百年间纷繁复杂的民族融合历程中，汉国兴亡、尔朱兴亡等历史事实为稽胡后裔继承，成为渐行渐远的地区往事。

稽胡后裔在吕梁定居逐渐汉化，无统一政权，多分散小聚居。区域历史的若干记忆以民俗方式的碎片化形式流传下来。曜头村和皇姑墓故事的历史背景即为一典型个案。

当然，悲剧色彩的文学作品也更能引发人们的思索，这也是曜头村故事流传下来的重要文学基础。

注释

① 张沛：《唐折冲府考》，三秦出版社，2003年版，第181页。
② 《北齐书》卷20《慕容绍宗传》，中华书局，1972年版，第273页。
③ 王其祎、周晓薇：《隋代墓志铭汇考》卷4，线装书局，2007年版，第331—335页。

| 流 传 |

河里庄遆氏故事

一个黄土丘陵中的村落，一个罕见的姓氏，来自那段扑朔迷离的民族大融合历史。

从浮山回临汾的路上，路过陈埝路口，赫然发现路东两幅大路牌上写着遆氏祖庙、刘渊庙。这是个罕见的姓氏，这是第一次看到直书刘渊庙，事关专业，必须一探究竟。

河里庄附近黄土丘陵地带的水库

逯氏祖庙

沿路前行，过一小水库大坝，来到河里庄。村中是崭新的逯氏祖庙。看庙老人打开山门，进入祠堂。这是个大院落，南面是倒座戏台，北面是高大台基上的五开间歇山顶大殿。

逯，罕姓。河里庄的逯氏对族源大体如此描述：逯姓源自十六国时期。匈奴汉国皇帝刘聪去世后，靳准杀继位的刘粲和刘氏宗室，自立为天王，不久也在内乱中被杀。靳准之女靳月华为刘聪皇后，趁乱带刘聪幼子从平阳潜逃，隐藏于河里庄地区。为隐藏刘氏身份，将其子改姓逯氏，后繁衍至今。

靳准之次女靳月华为刘聪右皇后，平阳乱后，其下落史载不详。[①]

现存逯氏家谱早不过明清。所谓皇后携子的起源故事，显然难以

递氏祖庙内塑像

证明公元318年汉国平阳大乱中发生的真实历史片段。

殿内主尊是皇后携皇子像。壁画上描绘有刘渊起兵称帝、刘聪继位、靳准之乱、河里庄隐姓埋名传说等内容，以连环画形式展示。说是刘渊庙，未设刘渊像及神位，有点说不过去。

唐代姓氏书《元和姓纂》卷3载："递。今同州澄城县多此姓。自云铜鞮氏，避仇改焉，亦单姓蹄。"岑仲勉先生校记认为："颇疑此条原是同递（蹄）之文。"[②] 同蹄氏为中古时期的羌族著姓，在陕西渭河流域多有分布。由此可知，递姓应是羌族复姓同蹄氏简化后的单姓。

羌族在山西的活动，可追溯到东汉时羌族东迁部众起兵上党。在匈奴汉国历史上，也有氐、羌族人归附。刘渊曾娶氐族酋长单征之女，后立为皇后。在复杂的民族迁徙和融合中，羌族同蹄氏的一支定居于临汾地区是可能的。靳准之乱时或有同蹄氏逃出平阳，来到不远处的河里庄隐居。

各胡族之间的通婚现象普遍存在。南匈奴刘渊与氐族单氏通婚，同时刘氏与羌族同蹄氏之间也可能存在婚姻关系。

河里庄邅氏一族也可能是南匈奴—羌族通婚的后裔。匈奴汉国战乱时，与同蹄氏通婚的南匈奴刘氏族人逃出平阳，同时隐藏其刘氏亲属身份，姓氏用亲族的同蹄氏，后改为单姓邅氏。其经历被后代演绎为皇后携皇子出逃迁居于此。

今临汾、晋中的邅氏族源大多出自河里庄。河里庄邅氏，或本出自羌族，归附匈奴汉国的某些家族与南匈奴曾有通婚。后人附会皇后携子出逃隐居故事，是民俗学曲折反映了民族大融合的久远痕迹。未来就邅氏起源问题还可进行更多研究，如家谱版本、族人情况、基因分析等，或有新的发现。

注释

① 《晋书》卷102《刘聪载记》，中华书局，1974年版，第2668页。
② 《元和姓纂》卷3，中华书局，1994年版，第322—323页。

| 流 传 |

匈奴堡　天险堡

西晋末年，以南匈奴部众为核心建立的匈奴汉国，开创了北方少数民族采取兼容并包的胡汉体制，在内地建国的历史道路。当时有多种胡人均被视为匈奴种类，成分非常复杂。很多部落本并非匈奴。[①]此时，匈奴的内涵已远超南匈奴五部范围。

有学者指出，屠各为汉化或正在汉化过程中的匈奴人群泛称。[②]屠各本为单于家族所属部落，这时其涵义扩大，与匈奴对等。可以说，十六国时期，匈奴已成为多种进入内地胡人族类的总称，原有的民族界限正在被打破。

匈奴汉国灭亡西晋，深刻影响中国历史发展进程。匈奴汉国开启胡族在内地建国的历史事实，大量胡族进入汉国统治区，客观上推动了匈奴概念的不断扩大和泛化。泛化的匈奴人群活动地区广及当时的北中国，很多地方都曾出现过匈奴或被外界统称为匈奴的胡人集团。

难得的是，在十六国历史上，曾出现过一处以匈奴命名，为众多政权和势力争夺、关注的军事堡垒——匈奴堡。1600年后，如今匈奴堡的遗迹天险堡隐匿于临汾市襄汾县西部姑射山前古道边。

十六国初期的匈奴堡

史书中匈奴堡的名字第一次出现于羌族姚氏军事集团北上河东的军事行动中。

《晋书》卷112《苻生载记》载：

> 姚襄率众万余，攻其平阳太守苻产于匈奴堡，苻柳救之，为襄所败，引还蒲坂。襄遂攻堡，克之，杀苻产，尽坑其众，遣使从生假道，将还陇西。生将许之，苻坚谏曰："姚襄，人杰也，今还陇西，必为深害，不如诱以厚利，伺隙而击之。"生乃止。遣使拜襄官爵，襄不受，斩其使者，焚所送章策，寇掠河东。生怒，命其大将军张平讨之。襄乃卑辞厚币与平结为兄弟，平更与襄通和。③

姚襄集团北上进入河东地区，首先攻击匈奴堡的前秦平阳太守苻产。

前秦平阳太守苻产不守河东重要城市平阳，而守匈奴堡。说明当时此地的军事地位已超过平阳。姚襄占据匈奴堡后，进一步袭扰河东，挑战前秦。前秦驱使半独立状态的并州军阀张平从北面进攻姚襄。而姚襄则明了张平与前秦若即若离，与多个政权牵扯不清的关系，对其主动示好，果然得到了张平的积极回应。前秦的目的并未达到。

此后，姚襄以匈奴堡为跳板，进攻关中。"姚襄遣姚兰、王钦卢等招动鄜城（今陕西洛川县境）、定阳（陕西洛川东至宜川西北）、北地、芹川诸羌胡，皆应之，有众二万七千，进据黄落。"④

姚氏争取到的各族势力，一说达5万余户："襄寻徙北屈，将图关中，进屯杏城（今陕西黄陵县内），遣其从兄辅国将军姚兰略地鄜城，使其兄益及将军王钦卢招集北地戎夏，归附者五万余户。"⑤

十六国北朝时期，陕北地区多民族杂居，情况复杂。姚氏本出陇西羌豪，在这一带召集羌胡民族，也是要争取更多盟友，削弱氐族前秦统治势力。姚襄冒进战败，是战术失误，但战略上争取更多民族支持，本身是可取的。姚襄北上河东至其败亡，时间短暂，在公元356—357年之间。其控制匈奴堡，进而西进关中，一度给初期的前秦政权很大压力。只是姚襄操之过急，应在河东站稳脚跟，掌握更多资源后，再图西进不迟。

姚襄经北屈西渡黄河，进入关中北部多民族杂居地区。北屈即汉时北屈县，故城在黄河边。可见，姚襄西行的线路应是自匈奴堡西行穿越吕梁山，至北屈故城渡河。

陕北多族杂居，各种势力并存，频频出现影响关中政权统治的冲突。如苻坚时"匈奴右贤王曹毂、左贤王卫辰举兵叛，率众二万攻其杏城已南郡县，屯于马兰山（今陕西铜川县北）。索虏乌延等亦叛坚而通于辰、毂。坚率中外精锐以讨之……毂惧而降。坚徙其酋豪六千余户于长安。进击乌延，斩之。邓羌讨卫辰，擒之于木根山……以卫辰为夏阳公以统其众。毂寻死，分其部落，贰城（陕西黄陵县西北）已西二万余落封其长子玺为骆川侯，贰城已东二万余落封其小子寅为力川侯，故号东、西曹"⑥。此事分见于《资治通鉴》卷101兴宁三年（365）条、太和二年（367）条。

此处的左贤王、右贤王应为后赵、前秦为安抚胡族首领，封赐给他们本为匈奴贵族的名号，以示笼络。刘卫辰即铁弗匈奴首领，祖先本出自南匈奴右贤王去卑后裔。曹毂为曹氏，所谓昭武九姓之一，显然祖先来自西域粟特人，这支曹氏为首的力量以游牧人面貌出现，而非商贾。其二子势力合计有4万多落，如1落5人计，有人口20多万。之前还有被迁到长安的6000余落，也估计有3万多人。这样看来，曹氏集团人口即有20多万，是陕北不可小觑的民族势力。其中构成可能比较复杂，领导层曹氏或来自西域。

十六国北朝时，黄河晋陕峡谷两侧的陕北—吕梁高原地区，有被冠以匈奴或山胡名号的曹氏胡人集团活动，应多为东、西曹集团的后裔和支系。⑦

前文姚襄招引的胡族中或有曹氏力量。故后秦姚苌建政，曹氏首领很快接受了后秦的封号。"贰城胡曹寅、王达献马三千匹。以寅为镇北将军、并州刺史，达为镇远将军、金城太守。"⑧

此条文献明言曹氏为贰城胡。曹寅应即前秦时东、西曹中贰城东部匈奴势力首领曹寅。曹氏集团在前秦被称为匈奴，后秦时被称为胡，匈奴本即胡，此时已是泛称，故西域粟特人群中的曹氏亦被认为是广义的匈奴。应该注意的是，后秦封其为并州刺史，或暗示曹氏集团已有部分进入并州地区。

十六国后期的匈奴堡

淝水之战后，河东由前秦转为后秦统治区。后秦末年，内斗不断，中央政权对地方管控能力减弱。河东地区持续动荡，后秦守将姚成都坚守重要堡垒匈奴堡，短期内备受各方关注，最终匈奴堡归于北魏。

匈奴联合集团曹弘攻掠

公元416年，姚泓初即位不久，"并州、定阳、贰城胡数万落叛泓，入于平阳，攻立义姚成都于匈奴堡，推匈奴曹弘为大单于，所在残掠。征东姚懿自蒲坂讨弘，战于平阳，大破之，执弘，送于长安，徙其豪右万五千落于雍州"⑨。

此数万落之匈奴集团，来源并非一地。其中来自定阳、贰城等地胡，显为前秦时东、西曹集团分布区，或于后秦时即有部分进入河东地区。他们推举曹弘为大单于，即是东、西曹氏后裔。前秦封曹毂为右贤王，即为匈奴贵族名号，此时曹弘称大单于，更是匈奴最高首领尊号，当然这一尊号在十六国时期已被各胡族政权广泛接受。另外，此集团中有并州胡，即南匈奴五部后裔。可见这支联合军团主体由黄河两岸的两部分胡人组成，其中并州胡为吕梁山区南匈奴五部后裔，定阳、贰城胡为东、西曹后裔。此时崛起的赫连夏是并州胡与东、西曹共同威胁，他们联合起来抱团取暖。后秦姚兴去世后，姚泓即位，内部不稳，给这个集团以可乘之机，于是他们在后秦统治区的东部边地平阳发难。曹弘称大单于说明东、西曹集团掌握了联合军团的领导权，联合南匈奴五部后裔并州胡，其称大单于更为接近匈奴政权原意。

贰城胡曹氏集团东来，与并州胡合为一支，控制了地区中心城市平阳，进而进攻匈奴堡。其路径或即上文姚襄西行线路。这是关中北部进入临汾盆地的捷径，穿越吕梁山南部，要通过并州胡分布区，这次两部分胡人的合作，可能为后来稽胡（山胡）系胡人的形成奠定了重要基础。匈奴汉国失败后，南匈奴后裔仍居吕梁山，但丧失了文化程度较高的统治阶层。来源复杂的各类胡人与之交往融合，逐渐形成以南匈奴五部为主体，内涵丰富的新民族共同体——稽胡（山胡）。

值得关注的是，这次匈奴联合集团的攻击对象，还是匈奴堡。后秦将军姚成都与约半个世纪之前的前秦平阳太守苻广一样，都驻于匈奴堡，而不是地区中心城市平阳。从这段史料看，姚成都据守匈奴堡，并未被匈奴集团攻入。

匈奴联合集团推举东、西曹代表曹弘为大单于，继续蚕食后秦统治区。不久，后秦驻扎蒲坂的姚懿派军在平阳将这次起兵镇压下去。曹弘被俘，连同1.5万落匈奴集团豪右被迁到关中。上文载"并州、定阳、贰城胡数万落"，按照最低2万落计，除迁往关中1.5万落，仍有5000落缺口，这部分未迁者留居当地的可能性较大。

姚懿叛乱

后秦有变，东晋刘裕趁机出兵北伐，直指潼关。此时后秦内部更为混乱，姚懿不思抵抗外敌，竟"举兵僭号，传檄州郡，欲运匈奴堡谷以给镇人。宁东姚成都距之……遣让懿曰：'……此镇之粮，一方所寄，镇人何功？而欲给之……'乃宣告诸城，勉以忠义，厉兵秣马，征发义租。"⑩

可见，匈奴堡是后秦在河东地区的重要物资基地。因此姚懿才特别拉拢姚成都，要运走匈奴堡存粮。而姚成都忠于后秦，不仅拒绝，而且给予严厉谴责，并号召周围城镇共同反对姚懿叛乱。

姚懿不得人心，很快失败。后秦内讧为东晋刘裕北伐军顺利进军提供了客观条件。

东晋北伐军进攻

北伐军主力攻击潼关,分兵河东。"(檀)道济自陕北渡,攻蒲坂,使将军苟卓攻匈奴堡,为泓宁东姚成都所败。"⑪

姚成都站在后秦政权方面,击退了东晋北伐军偏师的进攻。刘裕北伐目的不在长期统治北方,北伐军的目标是攻克长安,河东地区并不是主力军锋所及。

归于北魏

以上我们看到,后秦末年的二年内,后秦将军姚成都在十分困难的情况下,坚守匈奴堡,匈奴曹弘集团、姚懿叛军、东晋北伐军均未能攻入这一河东地区的重要战略物资基地。

十六国后期地方行政机构呈现军镇化特征,匈奴堡即为其一。北魏泰常二年(417)九月,"姚泓匈奴镇将姚成都与弟姚和都举镇来降"⑫。

姚成都在乱世中坚守匈奴堡,后秦灭亡、东晋被赫连夏驱逐出关中之际,果断决定投奔北魏。这样,坚固堡垒匈奴堡成为北魏军事据点,为北魏全面控制晋南地区奠定重要基础。

匈奴堡的得名

显然,匈奴堡之名在姚襄攻入时已有,更远在十六国后期匈奴联合军团首领曹弘称大单于之前。

称匈奴堡的原因,不外乎与匈奴有关。地名的取得,首先是需要有比较长期的特定居民。由上可知,匈奴堡在平阳周边地区不远,前秦、后秦时均为河东地区重要军事堡垒。同时还是物资基地、粮库，曾是行政和军事合一的军镇所在。

东汉末年以来，平阳曾是前后两个匈奴政权的统治中心。

第一个是东汉末年南匈奴于扶罗的流亡政权。后呼厨泉单于被曹操软禁于邺城，成为傀儡，命右贤王去卑平阳监国。曹操又划分南匈奴为五部，此后平阳的南匈奴流亡政权失去了对匈奴部众管辖权，再不见于史。

第二个是刘渊建立的匈奴汉国。为了便于南下中原，匈奴汉国于公元310年迁都平阳。刘渊去世后，其子刘聪即立。汉国攻灭西晋，达到极盛。当时汉国在平阳地区集中了许多个民族，有很多被占领地区的人口。公元318年，刘聪去世后汉国内讧，平阳毁于靳准之乱。随后平阳成为后赵控制区。

这两次匈奴政权期间，平阳地区都发生过若干历史事件。东汉末年，南匈奴流亡政权势力较弱，部众并不多。定都平阳的匈奴汉国一度成为北方霸主，是南匈奴五部上层聚居地，大批各族群统治上层集团也被迁徙于周围。

因此，匈奴堡的得名很可能来自匈奴汉国时期。可能是汉国内讧后，部分南匈奴部众曾聚集于此，故而得名。[13]

匈奴堡地名的由来，应是匈奴人群在此聚集后，其他集团对此地的称呼，而不是匈奴人的自我命名。当然在此之前，堡垒应已存在，匈奴汉国时即有匈奴部众驻扎，也属正常。

| 流 传

匈奴堡的地望

《读史方舆纪要》卷41《山西三》平阳府条载:

> 匈奴堡。旧《志》:在府西南七十里,匈奴种人尝保聚于此,因名。姚秦时为戍守处。晋义熙十一年,并州胡叛秦入平阳,推匈奴曹弘为单于,攻秦将姚成都于匈奴堡,姚懿自蒲坂讨擒之。十二年,姚懿以蒲坂叛,欲运匈奴堡谷以给镇人,姚成都拒之。懿遣将攻成都,为成都所擒。十三年,刘裕伐秦,檀道济等渡河攻蒲坂,遣别将攻匈奴堡,为成都所败。今堙。⑭

清初的历史地理名著《读史方舆纪要》载匈奴堡地望所据"旧《志》",应出自某种明代方志。此处明载匈奴堡距平阳府西南70里。明清度量衡与现代相近。考量其方位,应在襄汾县西北部与乡宁接壤的姑射山前地带。

2020年10月,经数日实地考察,我在今襄汾县西部山区与乡宁县交界处,发现尚存一座古堡天险堡痕迹,很可能与传世文献中记载的匈奴堡有关。

天险堡现存东南门残迹

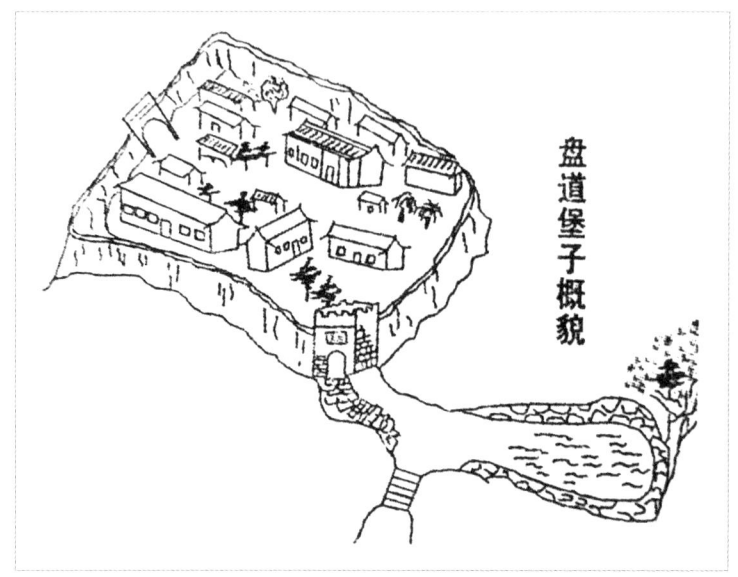

天险堡示意图（《盘道村志》）

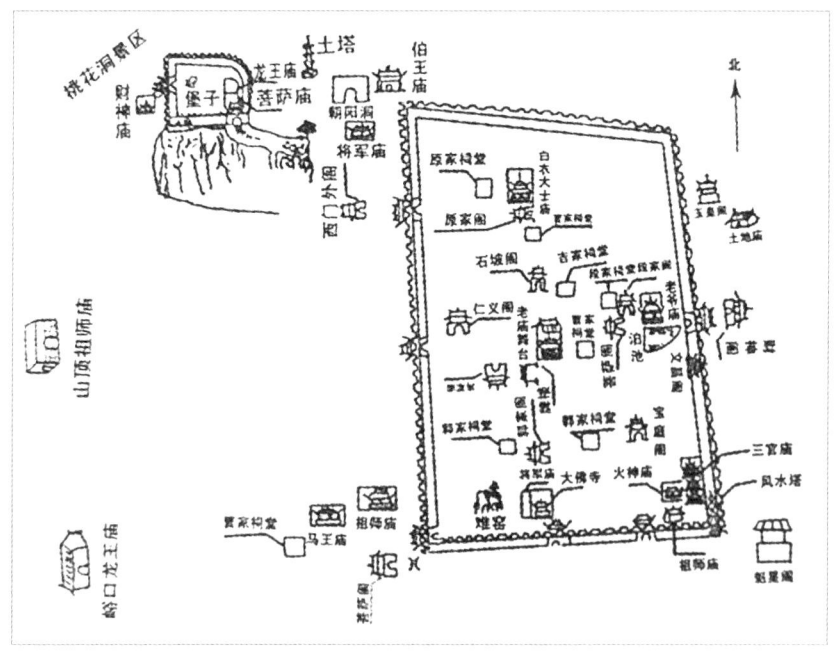

盘道村古代建筑庙宇堂阁分布示意图（《盘道村志》）

天险堡现状

此堡，地方民众称天险堡，位于襄汾西部进入山区前的最后一个大型村落——盘道村西侧。当地俗语称："先有天险堡，后有盘道村。"可见，盘道村是在天险堡之后发展起来的村落。

古堡因堡门上曾有石匾上书"天险"而得名。天险堡所在位置三面临深沟，只西侧与周围黄土地面相连。平面基本呈长方形，东西长约220米，南北长约90米，堡墙为夯土墙体，只开东南门和西门。旧时东南门外曾有吊桥。东南门处保存较为完整，高约8米，进深约10米，墙体底部约厚8米，墙头约3米。券门内被封堵，内外均有包砖。外侧墙体上有乾隆十九年（1754）石碣，为当时村民集资修葺堡东南侧涝池记事，首载："堡邑西屏姑嶂，东临大壑，南北之间两石竞秀，势虽偏隅，盖自古号为天险，天然之环山也。"点明了天险堡的地理环境特点。

天险堡内

残存夯土墙体的夯层下部较薄,在6—8厘米左右;上部较厚,达15厘米左右

| 流 传 |

天险堡北堡墙残迹外为深沟,远处可见姑射山

近年来村民建设取土,大多数夯土墙体已经不存,幸存地段的墙体厚度已变薄至1米以内,局部墙体还可分辨出明显的夯层立面,可分辨出下部夯层约6—8厘米,上部夯层在15厘米以上。这一变化显示堡墙曾有多次修筑,其最底部夯土层时代很可能是中古时期。

另值得关注的是,在古堡墙体下有多个地道口,内部坍塌。村民说抗战时和20世纪中期都有使用,几十年前逐渐废弃。地道系统据说很是复杂,可屯驻人口和物资,沟通古堡内外。若干堡内院中也有地道入口。

这一地道情况与介休张壁地道系统颇有类似处,与文献记载中匈奴堡驻军、屯粮等军事堡垒属性相符。如能对古堡内外进行系统清理,应有更多发现。

古道和居民

结合实地考察、咨询多位村民，可知自古代至抗战时，盘道村一直是襄汾—乡宁间一条古道的必经之地。这里是山区、平川之间的节点，抗战期间是敌后抗日根据地所在地，有"小延安"之称。

盘道村占地跨平川和山区，西部姑射山中大片山区也为其辖地。自盘道村西古道上行，可直到照壁山顶。

照壁山古称照望峰，为村西山区的区域高峰。雍正《太平县志》卷1《山川》载："照望峰，在县西北二十五里，姑射山之巅，更深犹见日色，北有神仙洞，基迹犹存。南有胜水泉，澄清如鉴。曹生可受募建神庙其上。倚门东眺，汾水外百里烟村草树，如在眉睫之间。盖亦一胜观云。"

雍正《太平县志》卷1、光绪《太平县志》卷1《图考·新八景图》中亦有"望照峰图"，图有题字："一峰望照，特排群岭穿云去，峭立深处狭日来。"

望照峰图

今照壁山顶尚存祖师庙遗址，应即方志中所载神庙。曹可受未载为何时人士。如今村西山间采石，古道已中断，然地理形态依然十分明显。在天险堡处东望平川原野，一览无遗，若在海拔高出平川几百米的照壁山顶，自然更是居高临下，可俯瞰整个汾河谷地。

由照壁山祖师庙向西，进入姑射山深处，首先经山间村落曹家坪，此村多年前已搬迁，原址尚存窑洞多口。古道继续西行进入梅花河谷地，经豆腐崖翻山越岭，进入乡宁地界。曹家坪附近有山岭名曹家岭。[15]

值得注意的是，1600年后，曹氏仍为古道诸村大姓，多个地名均与曹氏有关，很可能与匈奴曹氏集团后裔有关。盘道村东部几里处有曹家庄，亦为大村，曾是乡镇驻地。附近有东曹路村、西曹路村。盘

山间的曹家坪村旧址

道村和曹家庄村中，土著大姓为曹姓。曹姓为盘道村第一大姓，占全村人口20%以上。当地曹氏对其远祖来源已不明了，这条古道上的平川和山区交界地带有众多村落名称均与曹姓有关，迄今当地居民中曹姓仍为大姓。

结合上文，十六国时期曹氏匈奴集团在匈奴堡活动，今该地与曹氏有关的地名、曹氏民众仍为主要土著姓氏的现象不是偶然的，他们的祖先，应是匈奴集团中曹弘家族的后裔。县志所载募资修建照壁山顶祖师庙的曹可受也为曹氏，或此山顶古庙的前身在十六国时本有军事制高点意义。

天险堡及由其衍生出的盘道村在吕梁山前丘陵与汾河谷地交接地带。这里把控出入山区通道，俯瞰汾河谷地，进退自如。南匈奴在此聚集，可入山区，亦可观望平阳形势，实属便利。汉国覆亡后，或为部分南匈奴余众所据之地，故此堡被称为匈奴堡。姚襄西进、匈奴联合集团东来、后秦内讧、刘裕偏师北进，均围绕这一关键节点展开。

围绕匈奴堡的争夺贯穿于十六国时代始终。进入北魏后，匈奴堡名不再见于文献。

匈奴堡得名之前，此一穿越山川之间的古道应早已为古人利用。中古时期南匈奴后裔渐融入汉族，匈奴堡之名逐渐消失在历史之中。土著大姓曹氏应为匈奴曹氏后裔，并在这一带留下多个与曹氏有关地名。千百年来，古道依稀可寻，匈奴堡地理形势未有根本改变，以天险堡之名传于后世。

今天的盘道村是一个普通而热闹的村落，天险堡残迹日渐远去。十六国时匈奴堡的战事和民族变迁随风而逝。结合文献和田野考察，我们发现，这里是中古以来多民族融合汇聚之地，十六国历史细节于此得以某种意义上的复原和再续，历史的暗流绵延至今，让人感叹，应被铭记。

注释

① 周伟洲：《汉赵国史》，山西人民出版社，1986年版，第12—15页。
② 周伟洲：《汉赵国史》，山西人民出版社，1986年版，第22—25页。
③ 《晋书》卷112《苻生载记》，中华书局，1974年版，第2876页。
④ 《晋书》卷112《苻生载记》，中华书局，1974年版，第2878页。
⑤ 《晋书》卷116《姚襄载记》，中华书局，1974年版，第2964页。
⑥ 《晋书》卷113《苻坚载记》，中华书局，1974年版，第2878页。
⑦ 陈连庆：《中国古代少数民族姓氏研究》，吉林文史出版社，1993年版，第37—38页。
⑧ 《晋书》卷116《姚苌载记》，中华书局，1974年版，第2970页。

⑨《晋书》卷119《姚泓载记》，中华书局，1974年版，第3009页。

⑩《晋书》卷119《姚泓载记》，中华书局，1974年版，第3013页。

⑪《晋书》卷119《姚泓载记》，中华书局，1974年版，第3014页。

⑫《魏书》卷3《太宗纪》，中华书局，1974年版，第58页。

⑬汉国瓦解后，平阳地区南匈奴部众仍有社会影响。《资治通鉴》卷99《晋纪二十一》载：晋穆帝永和九年（353），"（三月）西域胡刘康诈称刘曜子，聚众于平阳，自称晋王；夏，四月，秦左卫将军苻飞讨擒之"。这次平阳未遂起事为西域胡刘康，亦为刘姓。以刘曜子名义发起，或有南匈奴余众参与。

⑭《读史方舆纪要》卷41《山西三》平阳府条，中华书局，2005年版，第1875—1876页。

文中"匈奴种人尝保聚于此，因名"，出自《资治通鉴》胡注。《资治通鉴》卷117《晋纪三十九》载：安帝义熙十二年下（416），"并州胡数万落叛秦，入于平阳，推匈奴曹弘为大单于，攻立义将军姚成都于匈奴堡"。此文后胡三省注曰："此匈奴种落相率保聚之地，因以为名。"同卷后又有胡注云："匈奴堡，在平阳。"此条后面描述匈奴堡发生的战事均为梳理史料而成。最末言"今堙"，应指明时。

⑮盘道村曹红艳先生、曹双喜先生提供地方文化诸多信息，并参阅《盘道村志》（2004年版）有关记述。

| 后 记 |

记起被遗忘的历史

很多朋友曾问我，魏晋南北朝历史的时代价值有哪些。这恰恰说明这一历史时期面临经常被忽视的尴尬。与秦汉、隋唐、元明清的大一统时期比较，魏晋南北朝因史料不足、社会认知度有限，好像注定不会成为热闹的研究所在。

历史看似没有多少实际意义，而又时刻环绕在各个时代的人们身边。对历史的兴趣是历史学不断进步的动力。

千年以后，南匈奴文化遗存，在文献中的偶见，在现实中的发现，每次都是兴奋和感动的瞬间，我拼接起南匈奴文化遗存的碎片。在山川之间能对山西南匈奴历史文化进行散点式的自由寻访，是一种幸运。

民族问题是这一时期历史发展的关键要点。南匈奴建立的匈奴汉国，曾被认为是"五胡乱华"之祸首。十六国史更被长期冠以黑暗一片的印象。从历史纵深角度来看，南匈奴建国在十六国—北朝史发展轨迹上，具有指标意义。难得的是，其文化元素历经沧桑仍以隐晦的暗线得以传承至今，其中最为重要的是汉国建立者刘渊的崇拜祭祀系统，千百年来完成从人到神的转化，融入汉族文化，成为区域文化现象。

人都是健忘的，所以我们有了历史，希望去记录。本书的文图就是记录下这段被遗忘的民族融合史长长的轨迹。

感谢李凭先生对此书的推荐。感谢赵曙光先生、李广洁先生作序。感谢山西人民出版社的认可，张书剑编辑做了大量具体而细致的工作。

本书写作过程，得到母亲孟繁绥一如既往的理解和支持。在考察中，各地师友们提供了很多帮助，一并致谢。2019年是我自母校首都师范大学历史学专业硕士毕业20周年，感恩。

我们都是历史的过客。历史的路在脚下延伸，伴随一生，敬畏，观察，思考，释然。

刘　勇

2019年10月第一稿

2020年10月第二稿